Healing Lighting

光源を直接見せずに天井面や壁面に光をあて、間接的に空間を照らす手法を一般的に「間接照明」と呼びますが、あくまでもこれは手法の話。
この本では、美しい光のグラデーションをつくるために、「照明」と「建築」が違和感なく融合する考え方にこだわった、「建築化照明」をご紹介していきます。

暮らす人を癒す光ってどんな光?

美しいグラデーションをつくるために

もっと癒される空間へ

現場の“知りたい”に応える

どうして人は、

グラデーションに惹かれるんだろう？

メイクやネイル、小物やファッション
私のまわりには、
ステキなグラデーションがあふれている。

自然がつくりだすグラデーションは
とても雄大で美しい。
砂浜で海の濃淡に目を奪われ、
夕日が沈むまで、じっと見とれてしまう。

だけど、私がいちばん惹かれるグラデーションは、
建築化照明でつくる光のグラデーション。
見ていて飽きない、うっとりする美しさだから。

建築化照明の光は、
今までの生活にはなかった、やさしい光。
建築空間に光のグラデーションを描きながら
住む人を包み込むように、やさしく降り注ぐ。

ロウソクの炎のゆらぎのように、やすらかな気持ちになれる光。
森林浴のように、リラックスを注いでくれる光。
それは、住む人を癒す“Healing Lighting”。

このステキな癒しのグラデーションをひとりでも多くの方に届けたい。
毎日の生活の中で、心と身体で、感じてほしい。
それが、この本に込めた私の願いです。

a.iemoto

暮らす人を癒す光ってどんな光？

Healing Lighting 事例集

グラデーションの光で
癒される感じ、
写真で伝わるかな？

INDEX

建築化照明の光は、ずっと見ていたいステキな光。

大好きな映像作品のように、見ていて飽きない光です。

光があふれだすラインを眺めていると、
まるで地平線から昇る太陽を見ているみたい。

[収まり詳細図]
A1 ▶P112
A2 ▶P90
A3 ▶P112
A4 ▶P112
A5 ▶P96
A6 ▶P112

照らす面の表情を豊かに魅せてくれる光。
だから、照らす面の素材にもこだわりたい…

キッチンは、お母さんが一番長くいる場所。
やさしいグラデーションの光なら、後片付けも楽しくなる?

壁面に描く光のグラデーションにインテリアが入ると、
文字通り「絵」の様な世界に。さて、何を飾ろう…。

建築化照明の光は、やさしい光。

明るいのにやわらかい、暮らす人を包み込むような光です。

絵本を読みながら眠りに入る時間。ずっと見ていたい寝顔ですよね。
調光機能があれば、ほど良いあかるさで眠りまで誘うことができます。

［収まり詳細図］

B1 ▶P68
B2 ▶P112
B3 ▶P112
B4 ▶P112
B5 ▶P112

テレビボードの後ろ面を照らすグラデーションは、
目にもやさしいほんわりとした光。こどもやお年寄りにもやさしい光です。

建築化照明の光は、あたたかな光。

灯るだけでホッとする、おうちが大好きになる光です。

「おかえりなさい！」
家族の笑顔と、家族のあたたかさを伝える光がパパを迎えます。

ステキな照明のおうちは、
窓からのぞく室内と外観も美しい。

[収まり詳細図]

		C1	C2	C3	C4
		▶P112	▶P112	▶P112	▶P113

家族が集うリビングはあたたかいグラデーションの光で
空間を伸びやかに魅せましょう。

建築化照明の光は、落ち着く光。

照明が主張しすぎず、それでいてちゃんと存在感があるのです。

大切な人をお招きする和室にも、やわらかい光が似合う。
会話とお酒がすすみそうでしょ？

[収まり詳細図]
D1 ▶P74
D2 ▶P113
D3 ▶P113
D4 ▶P113
D5 ▶P113
D6 ▶P112

光が低い位置にあると、落ち着くし幻想的。
就寝前の時間を過ごすのにぴったり。

個室でリラックス。ついつい長居して…
なにかいいアイデアが浮かんじゃうかも！

建築化照明の光は、すっきりキレイな光。

インテリアと相まって、センスアップされた空間を演出してくれます。

開放的な空間に、おうち全体を包み込むグラデーションの光。
我が家は、お友だちにも大人気です。

いろんな照明器具がいっぱい取り付いてしまいそうな
キッチンや吹抜け空間も「魔法」をかけたみたいにキレイな空間へ。

[収まり詳細図]

E1	E2	E3	E4	E5	E6
▶P66	▶P60	▶P113	▶P113	▶P81	▶P113

光を受ける面の色や質感によって
いろんな印象をオシャレにつくれるんです。

建築化照明のある空間は、楽しさを演出する空間にもなります。

照明器具の付かないキレイな壁や天井は、エンターテイメント空間をつくってくれます。

キレイな天井でプラネタリウム、
なんていうのもステキ！

壁をプロジェクターのスクリーンにしたり、建築化照明の部屋だからできる、
ちょっと贅沢な遊びはいかが？

美しい
グラデーションを
つくるために

Know-how & Technique

まずは基本から
はじめましょう!

INDEX

癒しの光って、どんなの？

グラデーションのキレイな

建築化照明

が、いちばん人を癒してくれる光。

一般的なシーリングやダウンライトは…？

上の写真は、ごく一般的な照明プランです。見慣れた風景ですよね。

これが、建築化照明の光です！ 天井面に照明器具の存在はなく「光」だけが空間に広がっています。

建築化照明って？

照明器具が
建築と一体化して
かくれんぼ
しています。

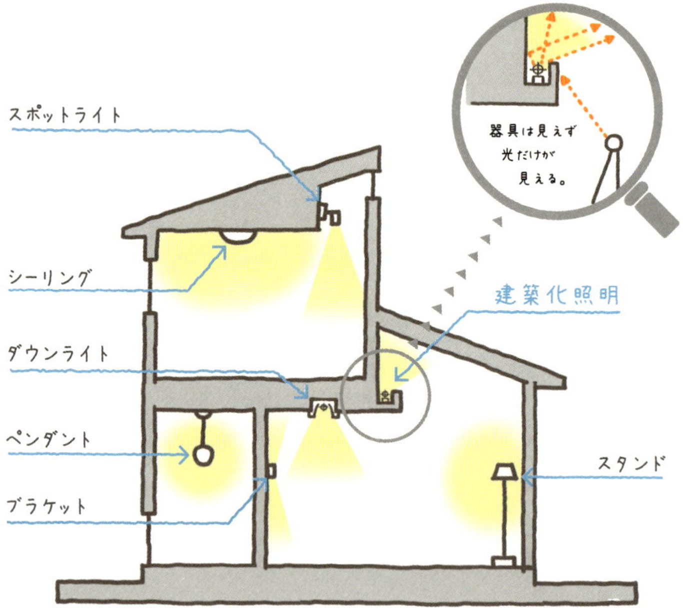

器具がいっぱい
付かないから
癒される空間が
できる！

器具がかくれているから、昼間の空間も美しい！

グラデーションの光をつくる「建築化照明」では、照明器具は建築の中に上手にかくれて一体化していることがお約束。部屋を見まわしても照明器具は見あたりません。だから、グラデーションの光だけを楽しむことができるんです。

Question▶ 器具はどこにかくれてるでしょうか？　わかる？

答えは
▶
次のページ

Answer ▶ 上手にかくれんぼしていました。

夜になって照明を点灯したら、ほらこの通り。建築化照明が天井や壁、床をやさしく照らしてくれています。天井面に器具が取り付かないため、日中もスッキリした美しい空間。夜はやさしくておしゃれな光を楽しむ。これが建築化照明なんです!

ココ!

ココ!
ココ!

ココ!

ココ!

癒しの光のランプは?

目で見ることができる
キレイで大きな
グラデーション
をつくってみましょう。

ランプからの光は、すべてグラデーション。
その美しい光を感じていますか?

グラデーションとは、「明暗や色調の段階的変化」のこと。ランプからの光の広がりは「明暗の段階的変化」だけど、私たちは、そのグラデーションをあまり認識することはないですよね。

この本で紹介する「光のグラデーション」は、ちゃんと「目に見えるグラデーション」。どんな時に美しい光のグラデーションができるのか、検証してみましょう。

「点」から「面」へ、大きな光のグラデーションのつくり方

［使うモノ］

点の光をつくる
ランプ

面の光をつくる
直管ランプ

STEP-1 ● ランプを壁に向けて、正面から照らしてみましょう。

遠いところから照らすと、光が面にあたる頃にはやわらかく広がった光になり、グラデーションを感じることはできません。

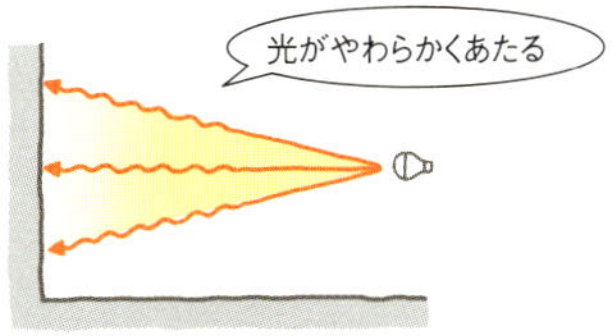

近づくと丸いグラデーションが見えます。

壁面に近づいていくと、面にあたった光は、円の中心から外側へと丸いグラデーションを描きます。壁に近づけたので、光の面積は小さくなります。

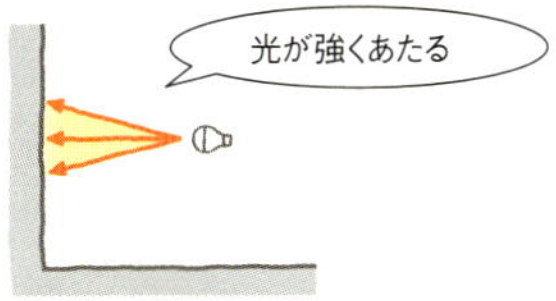

STEP-2 ● 壁を下から上へ、広い面積を照らします。

壁面に沿うように光が広がり、ランプに近いところから遠くに向けて、光のグラデーションが伸びているのがわかります。

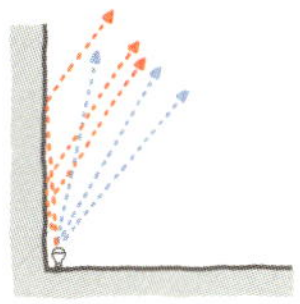

STEP-3 ● ランプを並べてみましょう。

等間隔でランプを並べてみましょう。広い面に光のグラデーションをつくることができますが、ムラのあるグラデーションになってしまいます。

STEP-4 ● 直管タイプのランプを並べてみます。

光が「点」ではなく「線」のため、広い面に均一でなめらかな光のグラデーションをつくることができます。

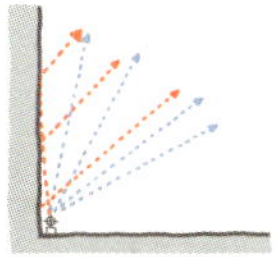

ただし、壁にあたらない光が空間に逃げてしまい、光の量が減ると同時に、直接目に入る光が眩しく感じます。

STEP-5 ● 空間に逃げる光を、幕板を立ててコントロールします。

ランプの光がキレイなグラデーションをつくりました。こうしてできた光は、目に見える美しいグラデーションとなります。

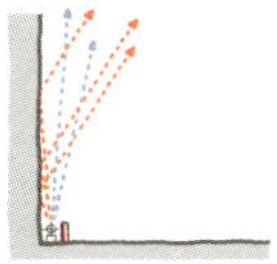

器具の前に、「幕板」という板を立てて、空間に逃げる光を壁側に向けてあげます。

癒しの光、どこにつくる？

照らす面は 天井・壁・床の3つ。

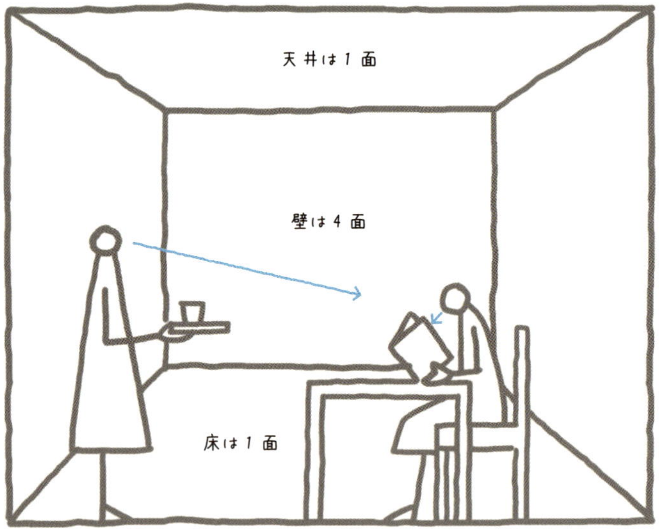

どの面でも
つくれるってこと！

大切なのは、キレイな面を照らすこと。
まずは、どの面を照らすかを考えましょう。

私たちの生活空間は、「天井」「壁」「床」の3つの面で成り立っています。通常の生活では目線より下を見て過ごすことが多いので、視覚的に面を意識しやすいのは、「壁」→「床」→「天井」ですが、照らす面として「床」は雰囲気をつくるための要素が多いため「壁」→「天井」→「床」の光を感じやすい。それぞれの面による光の違いを知りましょう。

面による「感じ方」の違い、条件や注意点を知っておきましょう!

● 壁を照らす

壁面には、窓や建具があり、残った壁には家具があることが多い。キレイな壁面を残すことは難しい。

[器具の見え方に注意]
器具の収め方によっては、人の目線を意識しないと器具が丸見えになってしまうことがある。

■光と印象
- 光のポジションを好きな高さにつくれるので、活動的な光から落ち着いた印象の光までつくることができる。
- 空間に奥行きを感じさせる効果がある。
- 面として一番認識しやすく「目に見える光のグラデーション」として一番美しい。見ていて飽きない光。

● 天井を照らす

天井面は、面としてキレイな状態で残りやすく、基本は白いクロスなので反射率も高く明るさを得やすい。

[設備機器などとの取り合いに注意]
ビルトインエアコン・煙感知器・吹き抜け・トップライト・他の照明器具との取り合い。

■光と印象
- 光のポジションが高く明るい。
- 天井面で反射された「目に見えない光」がシャワーのように空間に降り注いでいる。
- 天井を高く見せる効果がある。

● 床を照らす

床面は、何も置かなければ面として残しやすい。

[素材の選定に注意]
床材はツヤのあるものが多いので、器具が床に映り込むことがある。

■光と印象
- 光のポジションが低く、落ち着いた雰囲気をつくる。
- 雰囲気重視のため、控え目な明るさが適している。
- 幻想的で浮遊感のある光。

癒しの光は暗い?

光で照らす
面の比率によって
明るさと印象がかわります。

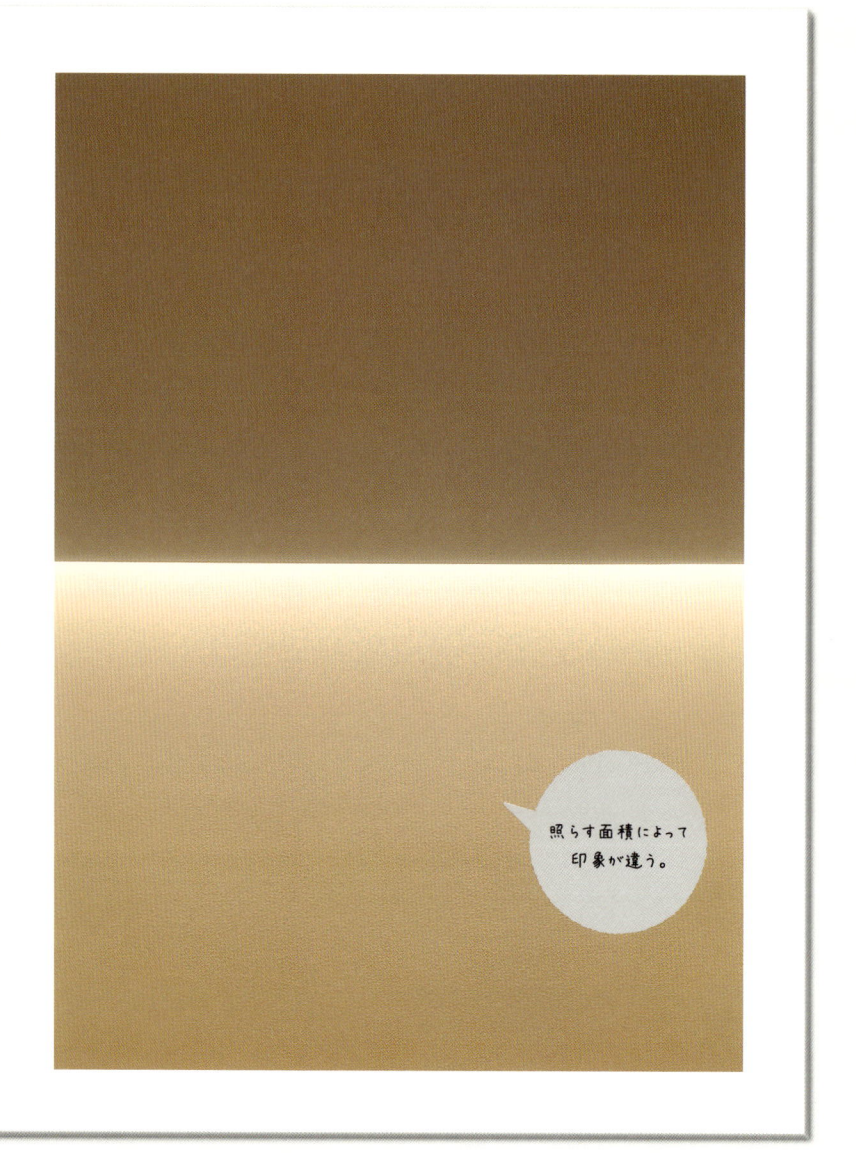

照らす面の比率が大きいと明るい印象に。

光を受けて明るくなる面と影になる面の比率で、明るさ・感じ方もかわります。つくりたい明るさと印象を考えましょう。

● 天井面間接照明

平面図上で面の比率を考えます。

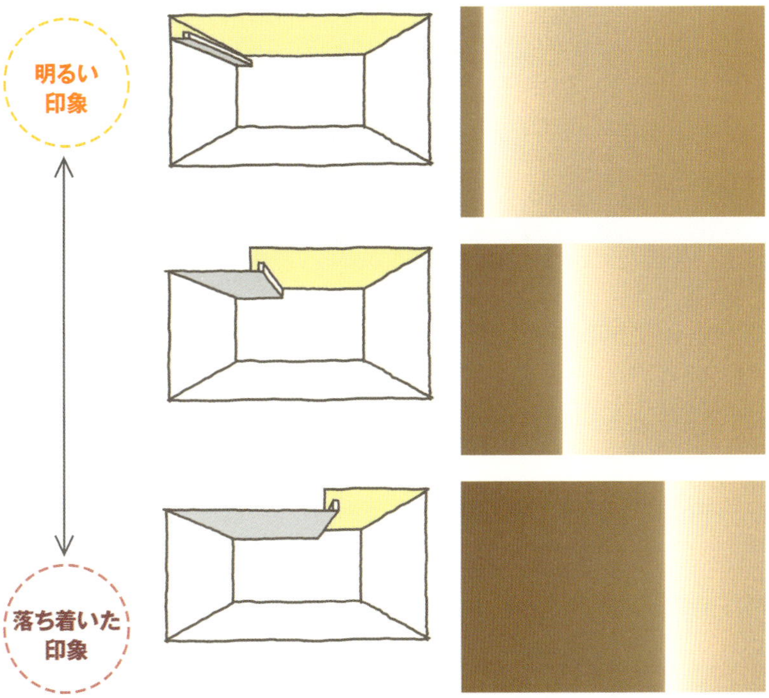

● 壁面→床面間接照明

平面図だけでなく、展開図で面の比率と光の広がりをイメージしましょう。

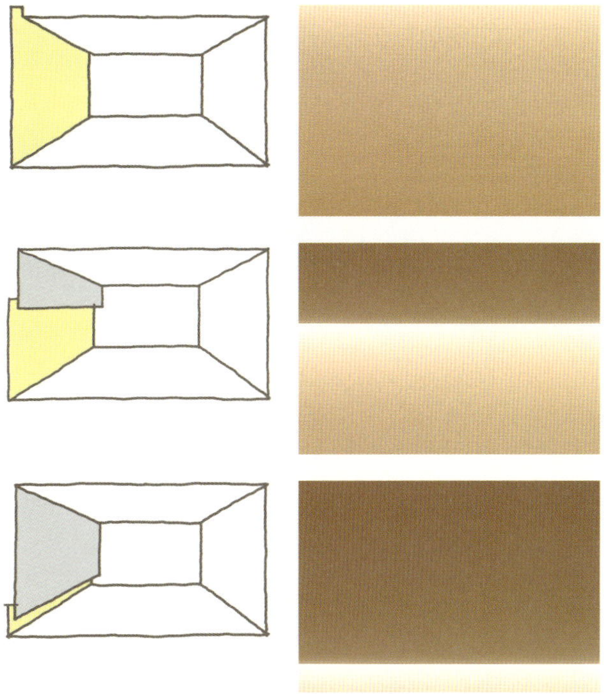

光の印象を決めるモノは?

グラデーションの光で照らす 面の素材によって、印象はこんなに違います。

照らす面の素材や色によって、
グラデーションの見え方は大きく変化します。

同じ玄関で天井面を照らしてみました。左は白いクロス貼り、右はダークブラウンの木貼り(ツヤアリ)です。ランプが同じでも、明るさも印象も違います。照らす面の素材をちゃんと検証し、その効果も理解したうえでプランしましょう。

光で照らす面の素材による空間の印象と明るさの違い

● 色による違い

面の「色」「素材」によって光の反射率が異なるので、光の広がり方、見た目の明るさがかわります。
つまり、「色」「素材」を使い分けることで明るい印象から落ちついた印象までつくり出せるということです。

白い面材

黒い面材

いっしょに
111 ページ

白クロスとダークブラウン木貼りを照らした場合、空間の明るさは、こんなにかわってきます。

● 光沢による違い

ツヤのある面を照らすと器具が映り込んでしまう。さらに天井面で光が反射されすぎて光が伸びないので、照らす面はマットな素材が適しています。

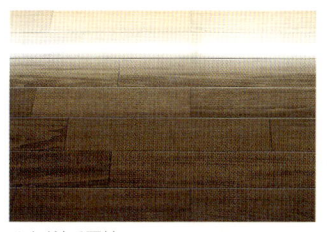

ツヤがある面材

マットな面材

いっしょに
110 ページ

設計のポイントは？

グラデーションの光を活かす
空間整理術
を覚えましょう！

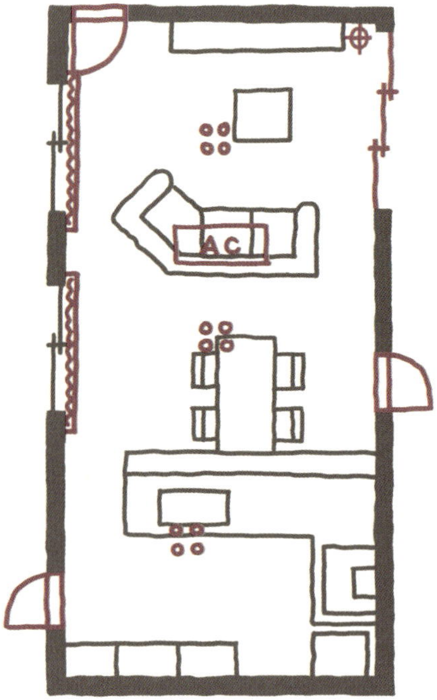

裏返せば、
キレイに整理された
空間じゃないと、
癒しの空間とは
言えないってこと！

建築化照明で整理できるモノ

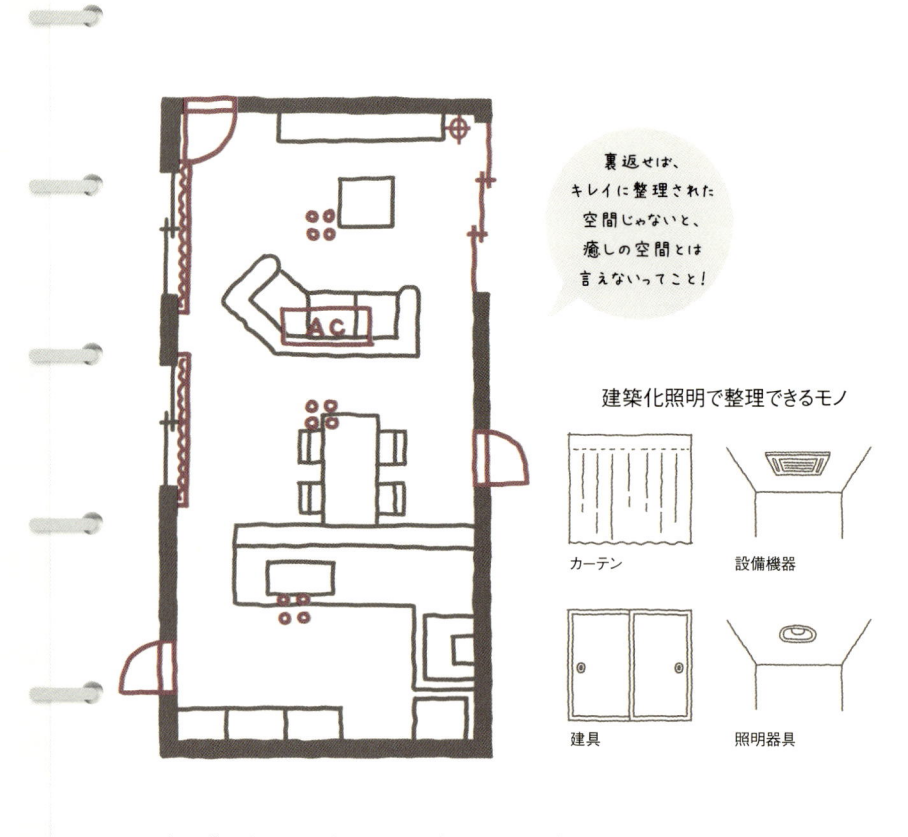

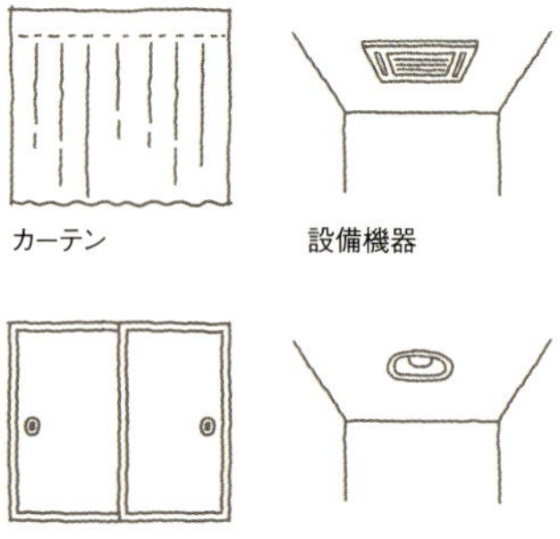

光のグラデーションをムリやりつくったために、空間がより複雑で違和感のあるものになってしまってはダメ! 癒しの光は、空間そのものを美しくするのです。

Question▶ どっちがスッキリ？　どっちが癒されますか？

Ⓐ

Ⓑ

答え合わせは
▶
次のページ

Answer ▶ Ⓑ が癒しの空間

Ⓐ 整理されていない空間

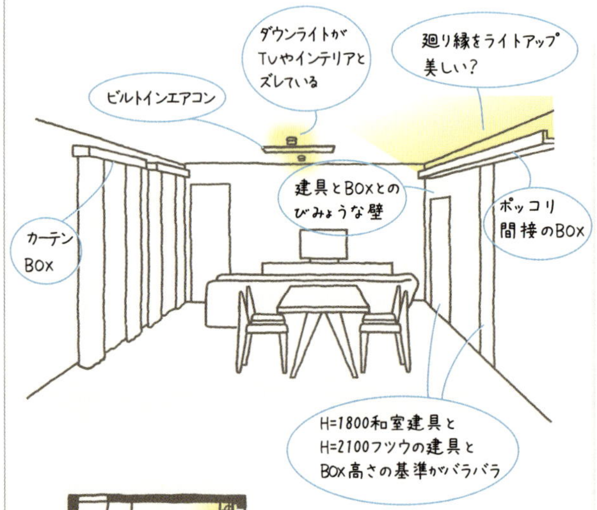

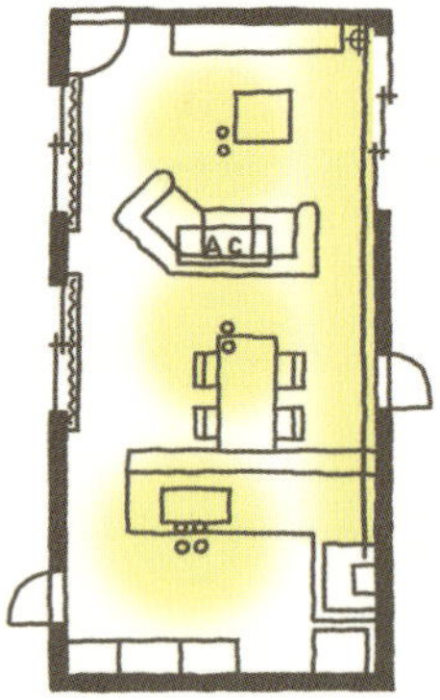

照明器具をかくすBOX(=アゴ)が目立ってしまったり、建具との高さバランスがくずれたり、エアコンや廻り縁を照らしてしまったり…。美しい光のグラデーションをつくりたいがために、空間が美しくなくなるという悲しいコトが起こってしまいます。

\Oh No!/

Ⓑ 整理された空間

ポッコリしたBOXではなく
天井面と一体化
建具との取り合い
高さのバランスもよい
ダウンライトが美しく
天井とTVやインテリアの
中心に並ぶ
天井を下げたので
折り上げカーテン
BOXでスッキリ
ビルトインエアコンは
光で照らさないよう
天井を下げた場所へ

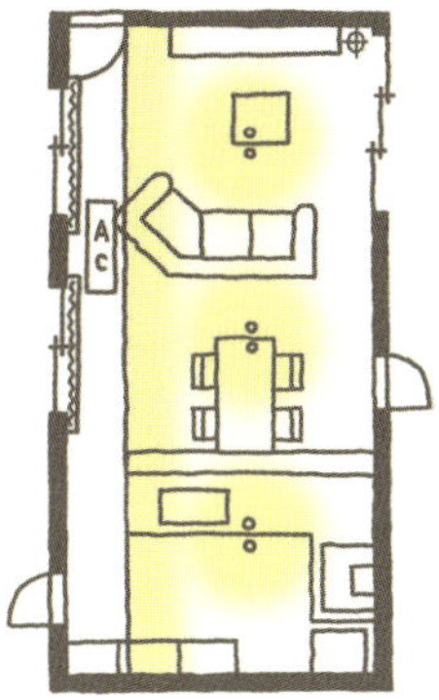

AC

建具との取り合いに注意しながら、天井の一部分を面で下げ、美しく残った天井面に器具を並べていきます。下げた天井の中でカーテンやエアコンを整理し、空間にムダな線や面をつくらないようにする。これが空間整理術です。

\Good!/

建築化照明♥LED

「建築化照明のグラデーションをもっと住宅に!」と、切に願っているんですけど、これを言えるようになったのは、LED が普及してきたからなんです。建築化照明は LED ととってもラブラブ。だから、この本でご紹介している建築化照明は、すべて LED を使ってプランしています。どんなに♥なのか、その理由をご説明しましょう。

♥の理由 - 1
LED は長寿命だからメンテナンスフリー!

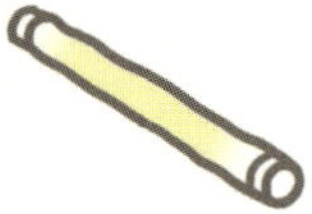

蛍光灯

寿命：約 12,000 時間
毎日6時間点灯で、
約5年でランプ交換

- 建築化照明はメンテナンスしにくい場所が多いので、ランプ交換もタ～イヘン。
- 建築化照明用の蛍光灯ランプは電気店などで売っていないものが多い。
- 長い蛍光灯は振り回すとキケンで、取扱注意。

LED

寿命：約 40,000 時間
毎日6時間点灯すると、
10年以上ランプ交換不要

- ランプ交換する必要がなく、メンテフリーでラクチン!

器具がかくれんぼしてるので
メンテしにくい…
よいこらしょっと
おっとっとー
ランプかしてー
ランプ長いなー
割ってしまいそ…

♥の理由 - 2
LED は瞬時点灯だから便利!

くらいのコワイ
すぐについた!

- LEDは白熱灯のようにスイッチONですぐに100%点灯。
- 蛍光灯はスイッチONから点灯まで2～3秒の時間差があります。寒冷地などでは、100%の明るさになるまでかなり時間がかかることも。

♥の理由 - 3

LED は調光できる範囲が広いからオススメ!

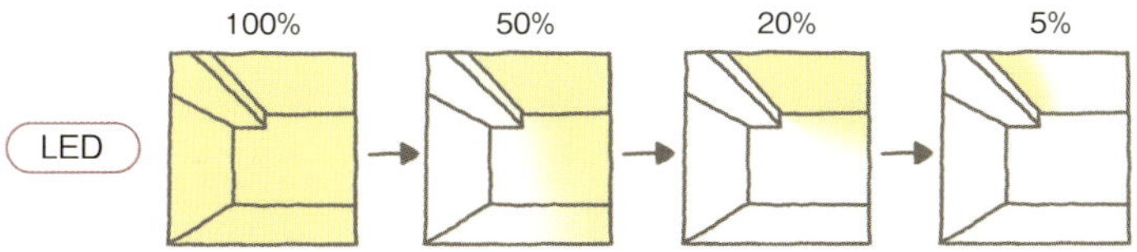

・LEDは、100%～5%まで、無段階に自由に明るさをコントロールできます。
・しかも驚くことに、調光できる器具は、蛍光灯よりLEDの方が「安い!」のです。

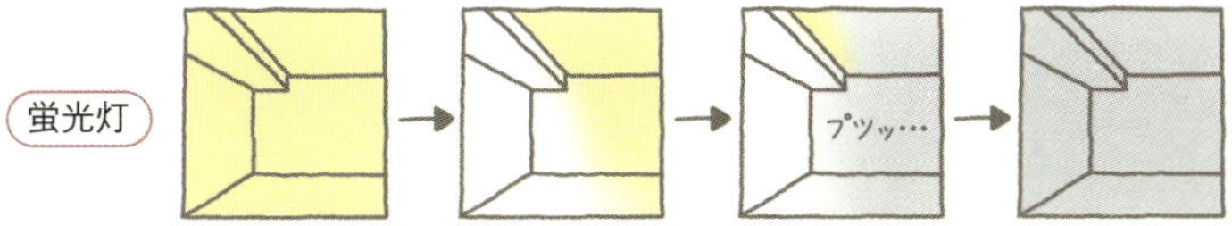

・蛍光灯の調光は、「これからがイイ雰囲気♪」という時に、プツッと暗くなってしまいます。

この本で使っているLEDの器具は、この2種類。

この本では2種類のLED器具でプランしました。長さは色々なタイプがあるので、設置する場所や必要な明るさを考えて組み合わせしています。

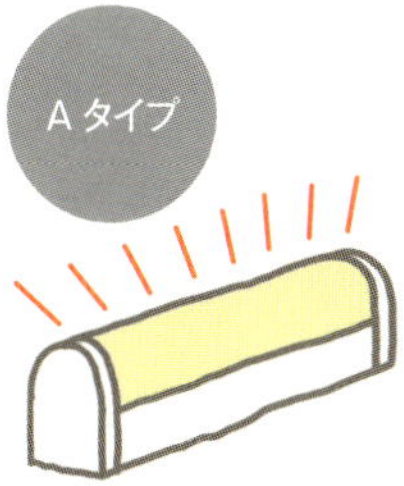

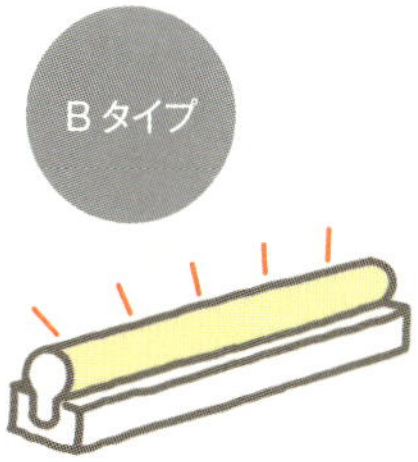

見た目は少し大きめ?
でもパワーが強いから
基本的にはオススメの器具。
調光機能アリで便利です。

パワーはAタイプより少し劣ります
が、スリムなので、器具が見え
そうな収め方をする際によい。
調光機能はナシ。

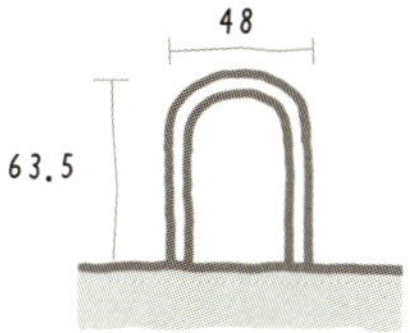

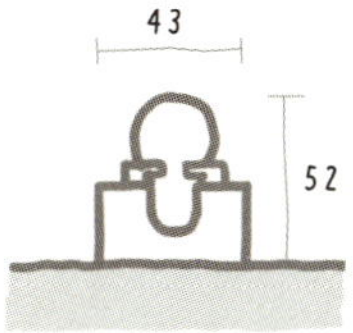

器具の収め方の基本

「建築」と「光」が一体化する時に
重要なのは「器具の収め方」。
器具が上手にかくれんぼし、
美しいグラデーションを描くための
「収め」に使われる部材の名称と、
その役割について説明します。

「収め」の名称

照らす面ごとの手法や注意点をご説明する前に、この本で解説する際に使っている「収め」の用語とその役割について、「天井面を照らす」ことを例にしてご紹介します。

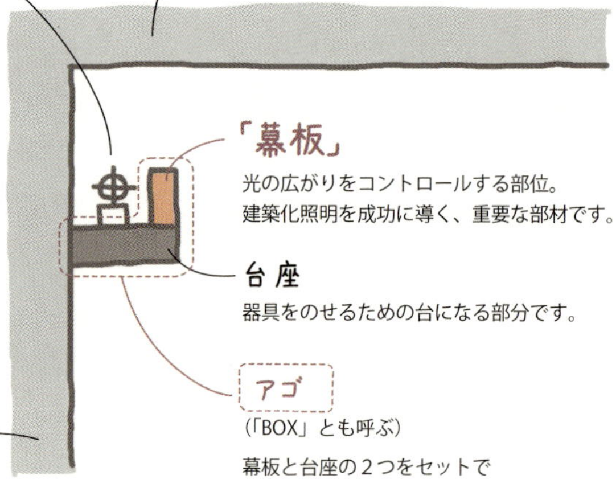

建築化照明用
LED 器具の使用を
オススメします。

照明器具の発する光が、天井面で
バウンドしながら美しいグラデーションを描き、
空間を明るく包み込みます。

「アゴ」を支える補強が必要。
光をバウンドさせる
反射板の役目もします。

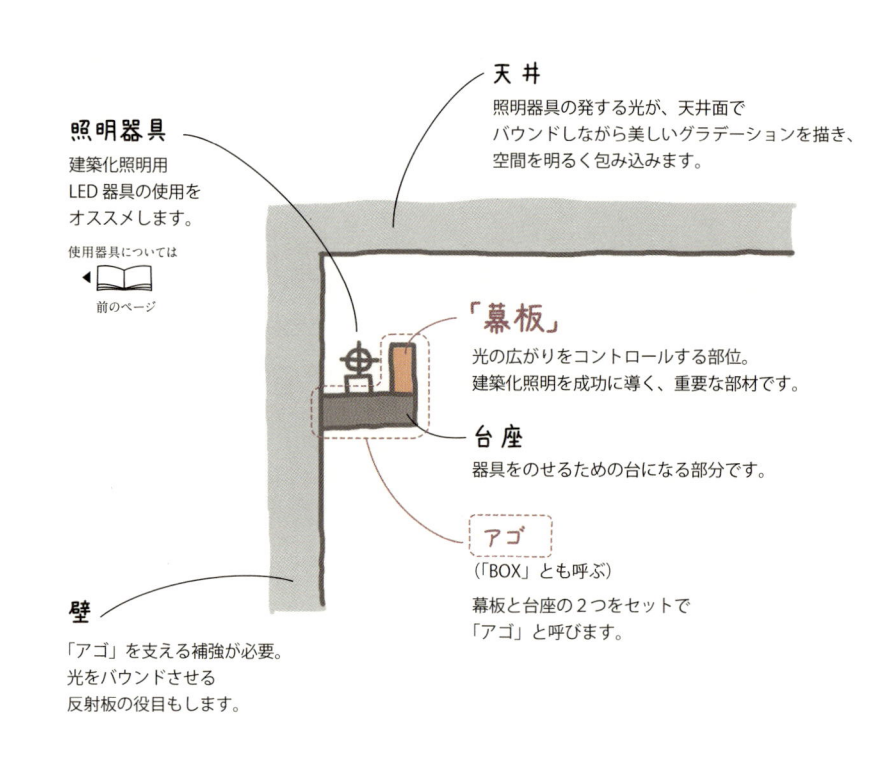

建築化照明の光をコントロールするのは『幕板』です。

\Oh No!/

● 幕板ナシ

照明器具が発した光が制御されず、分散して空間を照らしています。
また、器具本体が丸見えになっています。

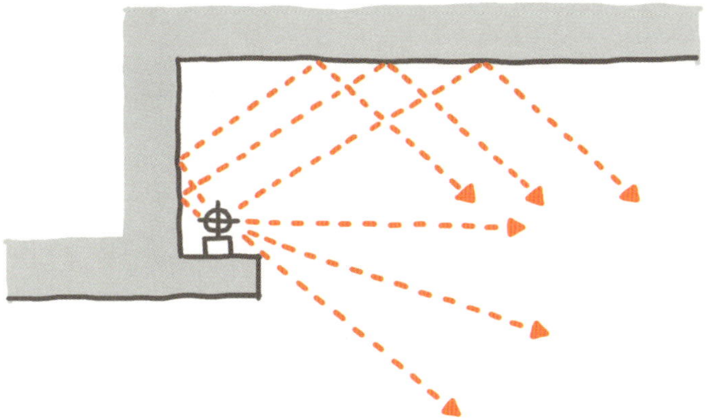

\Good!/

● 幕板アリ

照明器具が発した光が幕板と天井との間口から出て、ほぼすべての光が
天井でバウンドするため、天井面にはキレイなグラデーションが描かれます。
器具も幕板にかくれているため、建築物から光が出ているように見えます。

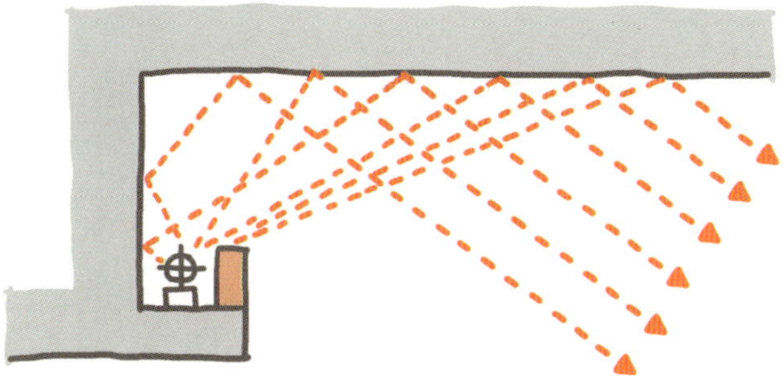

すべてが「バウンド光」
光が面にあたって広がっていく。

天井面を照らす

空間にある3つの面の中で、
最もキレイに残る面が、天井面です。
だから、癒しの光をつくる建築化照明の
基本中の基本が、この天井面なのです。
まずは、この基本をマスターしましょう。

様々な手法

● 基本の施工法 **「アゴ」**

壁に「アゴ」を付ける基本の施工法。器具と「アゴ」の重さを支えるため、壁面に補強が必要。

● 天井面としてかくす **天井ダウン** ＋ **「アゴ」**

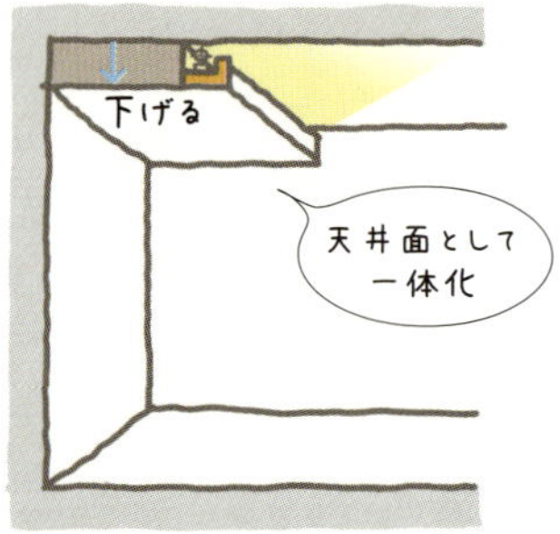

天井を下げて高低差をつくり、光の間口をつくる。天井を下げる部分にある窓や建具、エアコンなどに注意。

● 壁面としてかくす **「アゴ」＋ 壁フカシ**

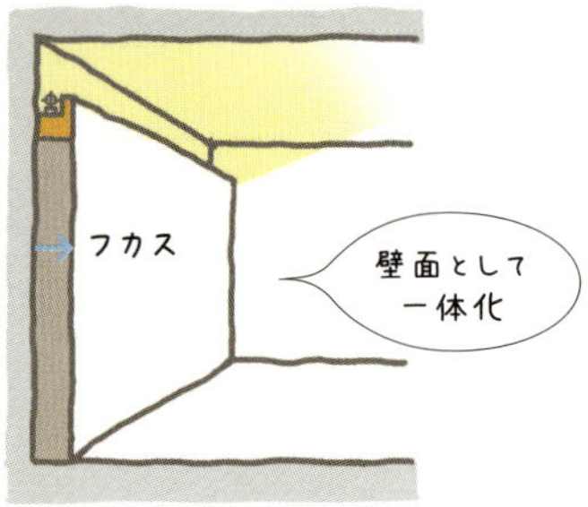

「アゴ」を飲み込むように壁をフカシて、壁面として見せる。フカシ面にある窓や建具は、奥まったようになる。

● 天井の高低差を利用 ＋ **「アゴ」**

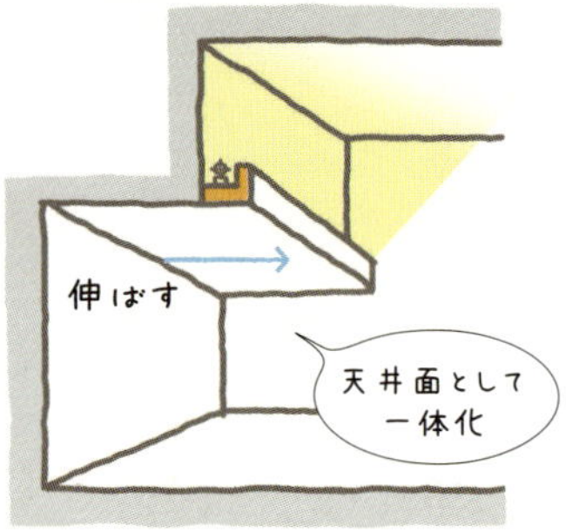

高低差がある部分の低い方の天井を伸ばすようにして、「アゴ」をつける。天井を下げたり、壁フカシをしなくてよい。

● 自立壁 ＋**「幕板」**

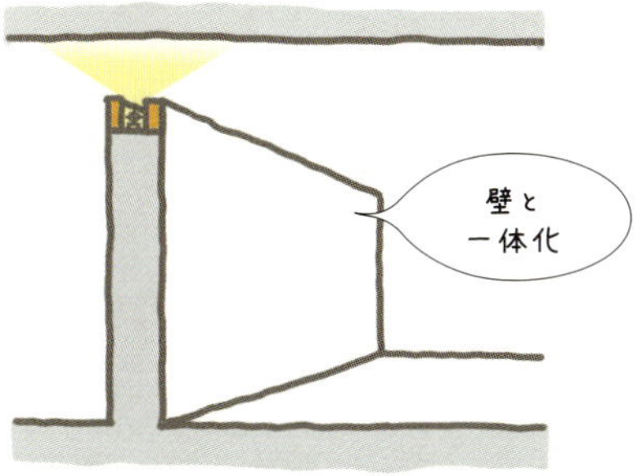

自立壁の中に器具を施工する。壁をはさんだ両方の空間を明るくできる。

● 家具利用 ＋**「幕板」**

家具の上にのせる方法も。そのままのせただけでは器具が見えるので、必ず幕板を施工する。

● 家具造作による **カーテンBOX型**

カーテンBOXと一体化することで、違和感なく共存させることができる。ただし壁の補強が必要となる。

● 折り上げ天井 ＋**「アゴ」**

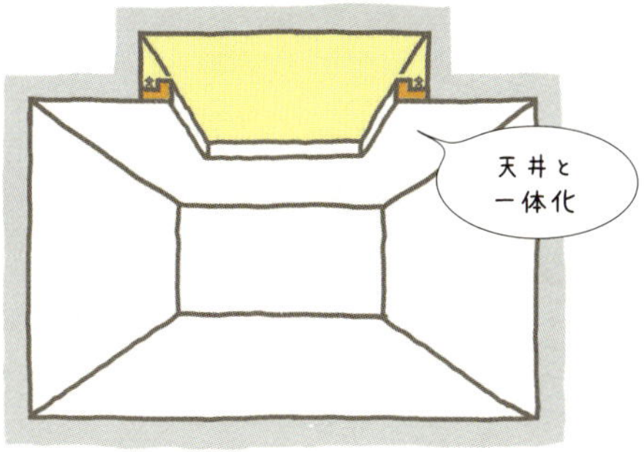

天井を一部上げるか、全体を下げるかで「アゴ」を施工。梁を避けて天井を折り上げると、より天井の高さを強調することができる。

天井面の収め方のポイント

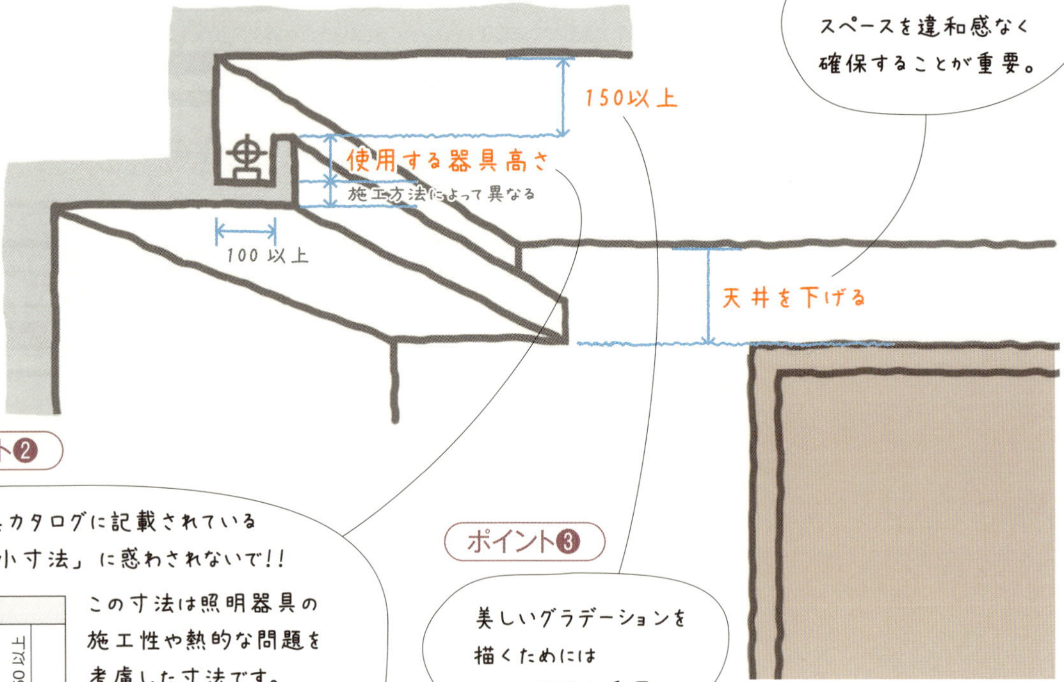

ポイント❶

器具を収めるための
スペースを違和感なく
確保することが重要。

ポイント❷

照明器具カタログに記載されている
「施工最小寸法」に惑わされないで!!

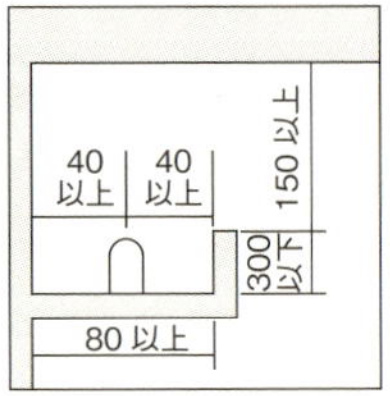

この寸法は照明器具の
施工性や熱的な問題を
考慮した寸法です。
キレイなグラデーションを
描くための寸法ではない
ということを知っておこう。

ポイント❸

美しいグラデーションを
描くためには
ココの寸法も重要!

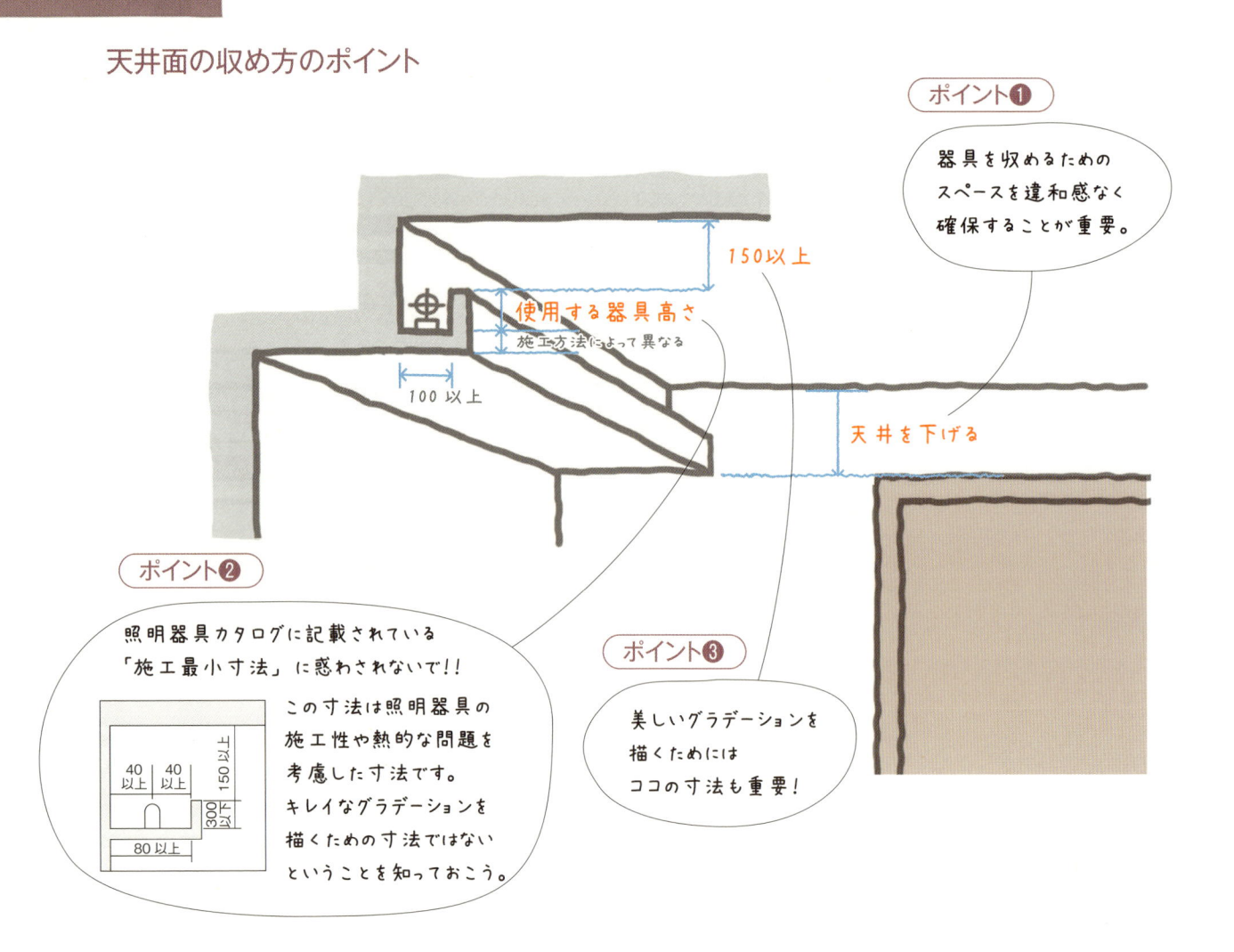

ポイント❶

器具を収めるためのスペースを確保する。

器具を収めるスペースを確保する方法は、「天井を上げる」「天井を下げる」「天井を上げて下げる」の3通りがあります。住宅では天井を上げることは難しく、下げて施工するパターンがほとんどです。

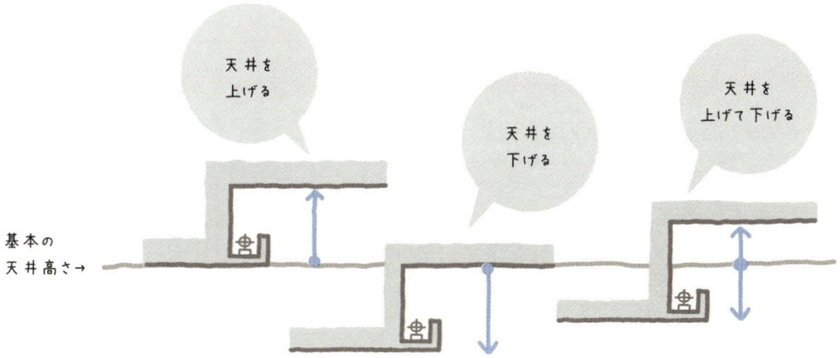

ポイント❷

幕板高さ＝器具高さです。

幕板を高くしてしまったら…

幕板を施工する時、「階段から器具が見えそうだから、幕板ちょっと高くしとこうか～」なんてことをすると、失敗します。
幕板が高くなると、光が幕板で遮られてしまい、カットオフライン※1がくっきりと出てしまいます。美しいグラデーションをつくるなら、「幕板の高さ＝器具の高さ」です。
※例えば、器具の高さが「52mm」の場合、幕板の高さはキリがよい「55mm」で指示しています。

※1 面に光の明暗の差が線となってくっきり出てしまうこと。

ポイント❸

間口の広さによる光の伸び方

間口 狭

\Oh No!/ できるだけ天井を下げたくないから、100mmにしよう。

100mm

間口150以上が美しいグラデーションの基準です

\Good!/

150mm

\very Good!/ 建具高さまで天井を下げてしっかり間口=200mmを確保する

200mm

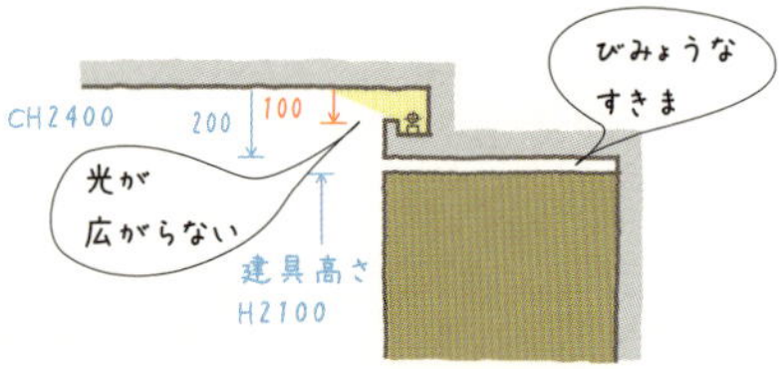

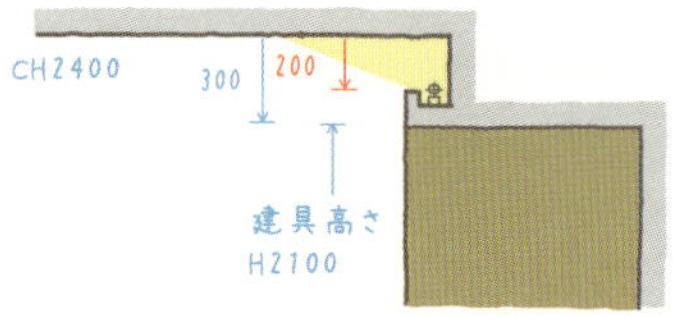

光は広がらないし、
建具との間に微妙な隙間が…

間口がしっかりとれて、
キレイなグラデーションが広がる

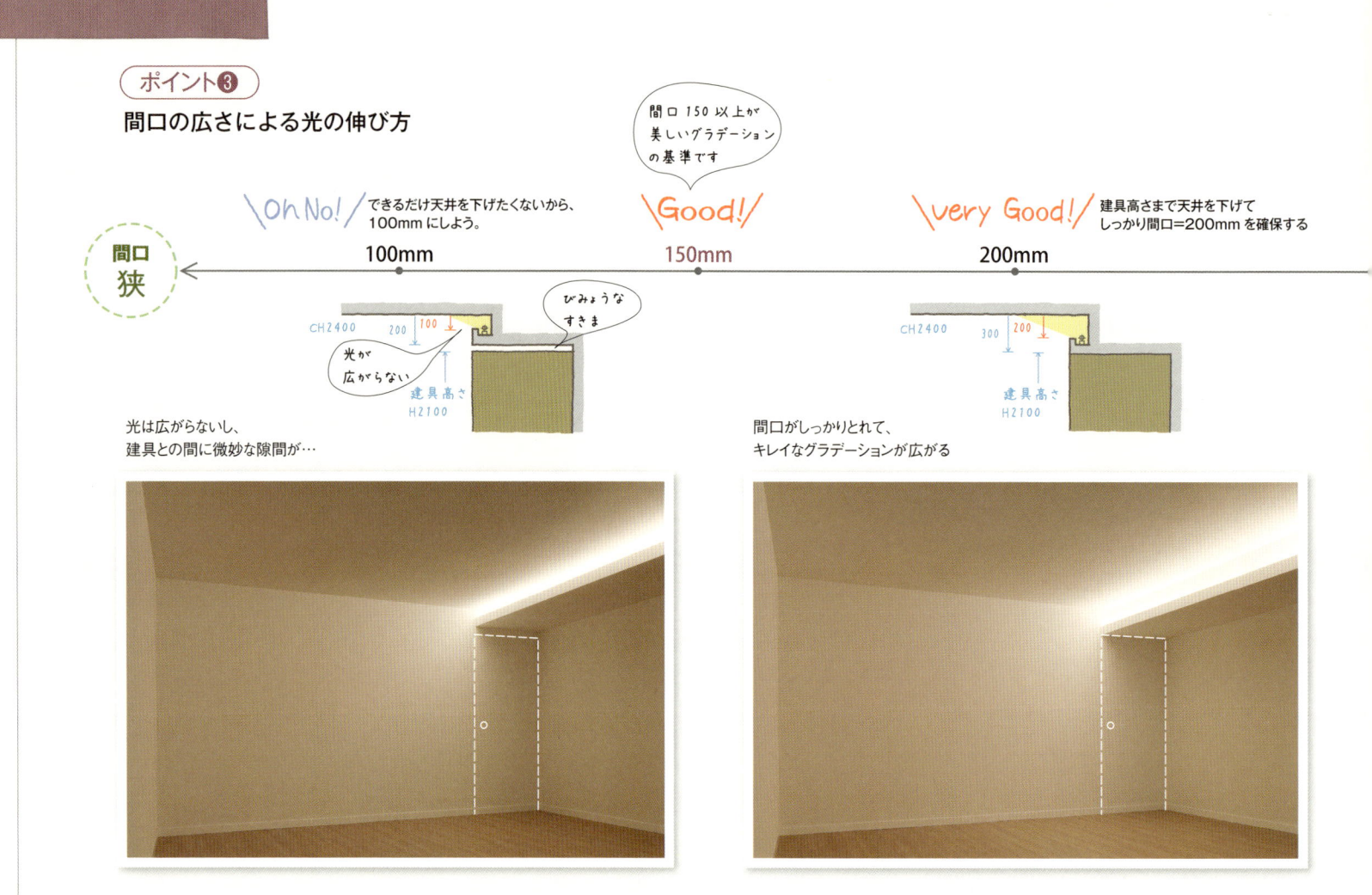

\ very very Good! /

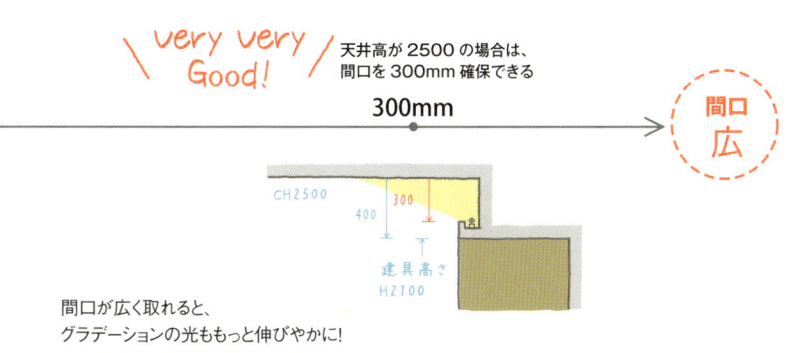

天井高が 2500 の場合は、
間口を 300mm 確保できる

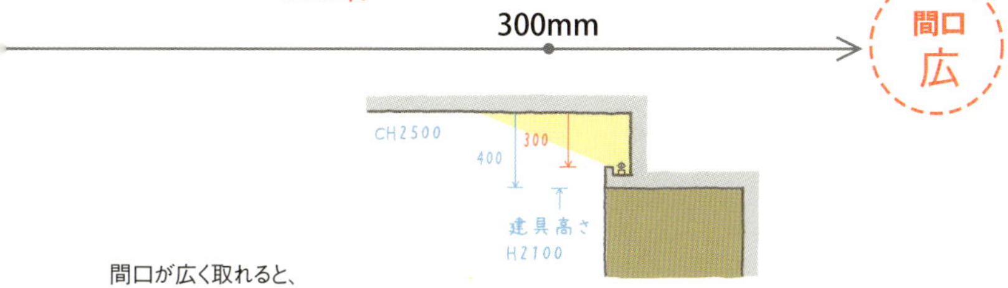

間口が広く取れると、
グラデーションの光ももっと伸びやかに!

面を照らす光は途切れちゃダメです!

電気工事さん
知っておいてね!

開口に対して器具の長さが足りない!? そんな時、器具を均等に設置すると上の写真のように光が途切れてしまうのです。

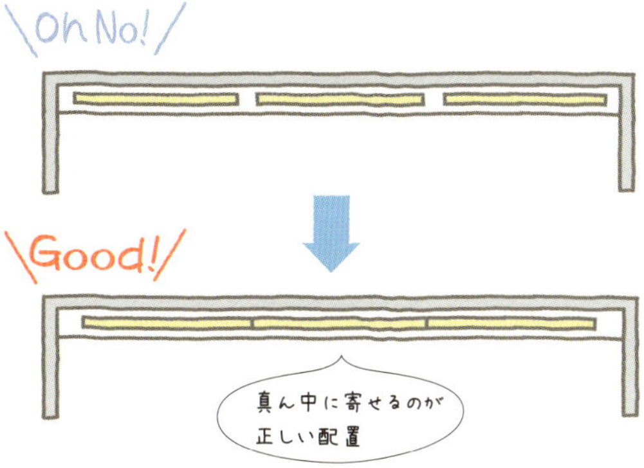

壁面を照らす

壁面は、一番目線に入る面なので、
グラデーションの美しさを
日常的に感じることができます。
照らして美しい、キレイな壁面を残せるように、
間取り、窓や建具の位置を検討しましょう。

様々な手法

● 天井面としてかくす

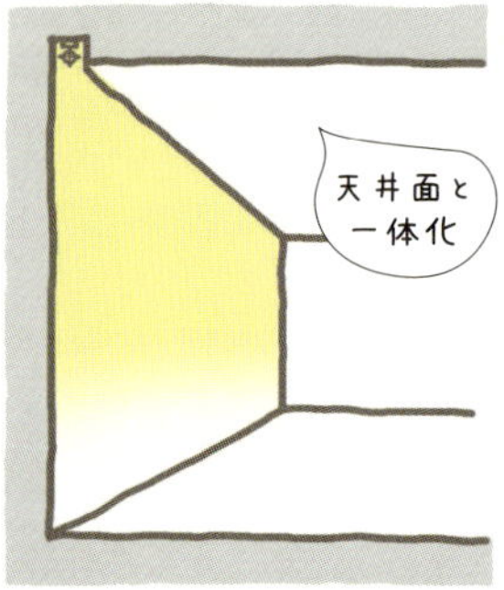

天井から壁面全体を照らす、最も一般的な手法。

● 床面としてかくす「**幕板**」

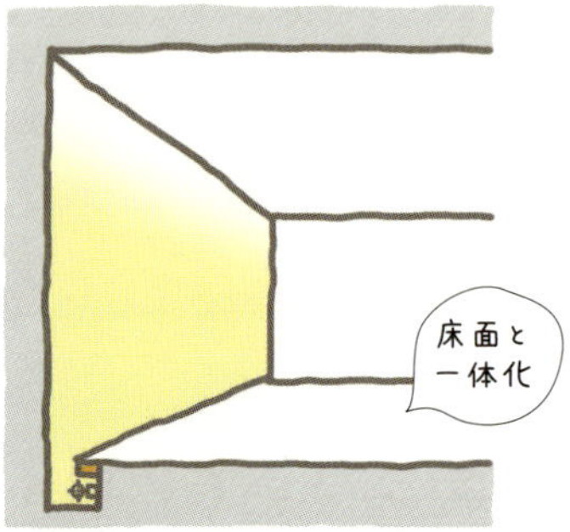

非日常的な空間を演出することができる。ゴミがたまりやすいので、施工には注意が必要。

● 壁面としてかくす「**アゴ**」＋「**壁フカシ**」

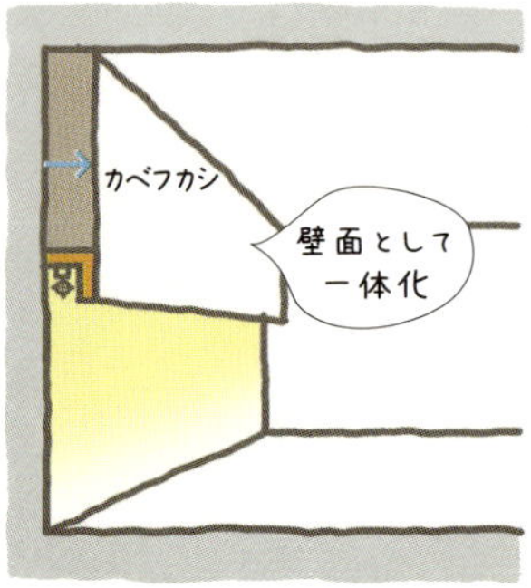

「アゴ」を飲み込むようにして、壁をフカシて壁面として見せる。下げて施工することで、器具も見えにくい。

● 腰壁（**BOX型施工**）

腰壁から、上向きに壁面を照らす方法。腰壁の高さが目線より下になる場合には、器具をガラス等でかくして施工する。

● 縦間接（**アゴ**）

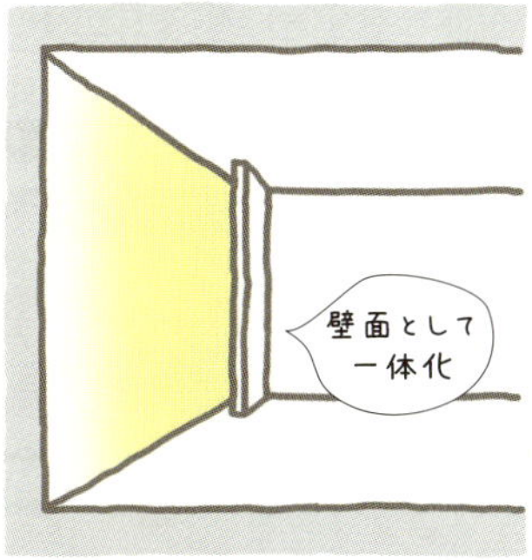

横から壁面を照らす方法。非日常的な印象で美しい。

● TVボード（**造作家具**）

造作家具の中に照明を仕込む方法。TVボードの後ろを照らすと、目にやさしいので、特にオススメ。

壁面の収め方のポイント

ポイント❶

器具を収めるためのスペースを確保する。

基本は、天井の中に器具を収めます。ただ、住宅では天井が少ししか上がらないので、天井を下げる必要があります。器具をかくすために、幕板を付けるだけの施工法もあります。

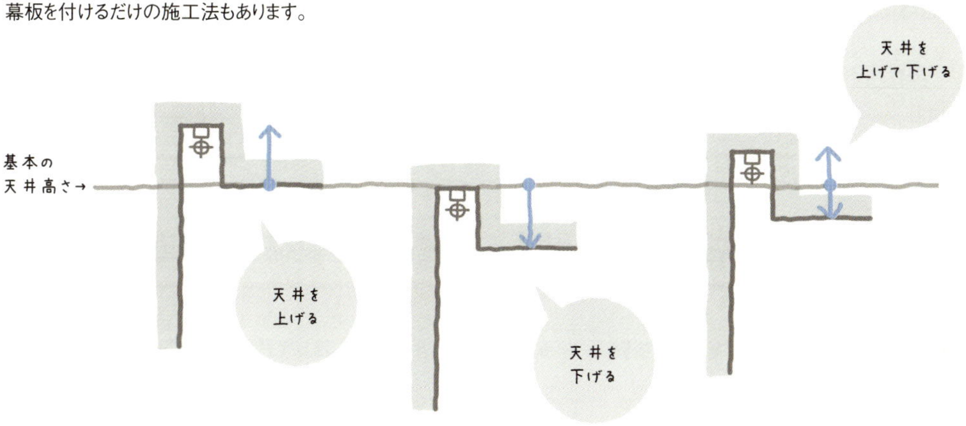

天井上げ下げできない時はこの方法

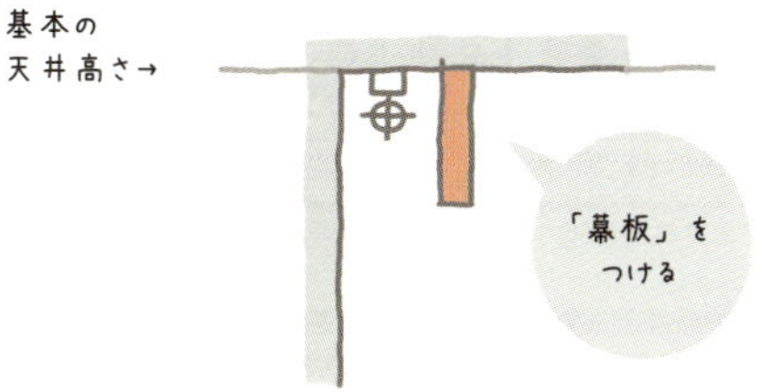

アゴの収まりは
次ページ

ポイント❷

「収まり」と「器具取り付け方向」で光をコントロールする。

● 天井折り上げ ＋ 器具下向きに取り付け

直接光がこの角度で
床面に広がる。

壁や床へ光が広がりやすい収め方。バウンド光だけでなく、直接光も多いため、明るさ重視の光です。近づくと器具が見えることも知っておきましょう。

[こんな場所に]
・明るさが必要な場所
・突きあたりの壁で、動線上、横から見ることが少ない壁
・カウンターなどがあり、下からのぞけない間取り

● 天井折り上げ ＋ アゴ ＋ 器具横付け

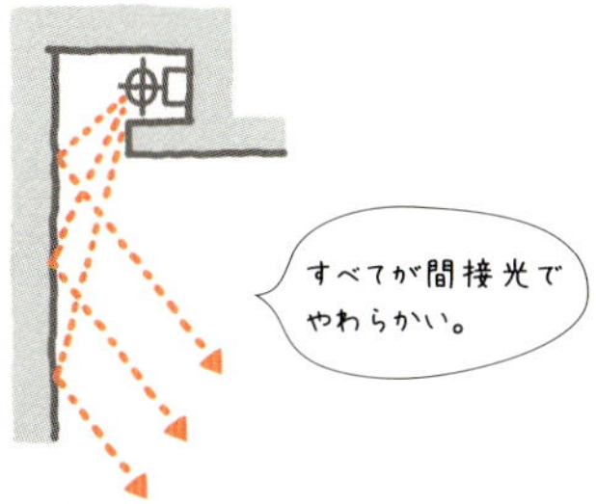
すべてが間接光で
やわらかい。

器具を横付けしてアゴでかくす方法。※器具が見えません。すべての光がバウンド光になるため、やさしい雰囲気になります。

※ある条件で見えることもある。

いっしょに
52ページ

[こんな場所に]
・器具を見せたくない場所
・明るさを控えめにしたい狭い場所
・壁面だけを強調したい場所

床面（机上面）を照らす

床面（机上面）を照らす光は、雰囲気を
つくる非日常的で「演出効果の高い光」と、
机上面を照らす「実用的な光」を
つくることができます。
床・机上面の面材は、
ツヤのあるものが多いので、
器具の映り込みに注意が必要です。

様々な手法

雰囲気をつくる光

↕

机上の明るさをつくる光

● 床の段差 ＋「幕板」

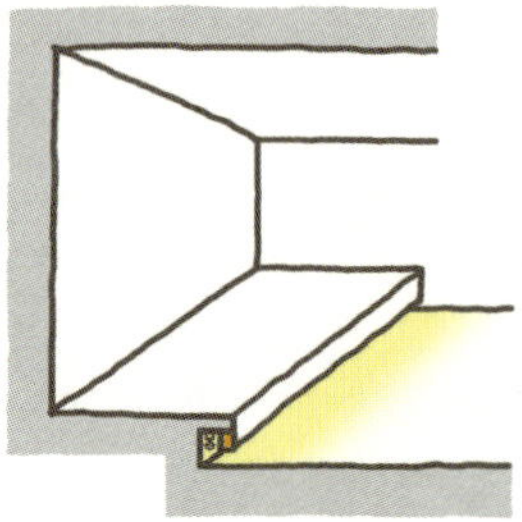

足元が明るくなるので、光でふわっと浮いたような印象になる。段差を認識しやすくする効果もある。

● 家具 ＋「幕板」

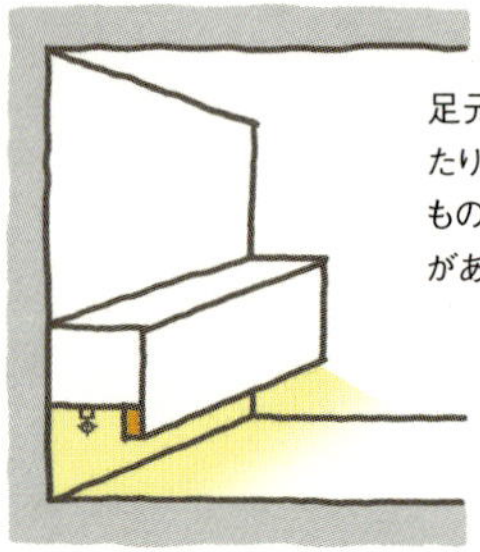

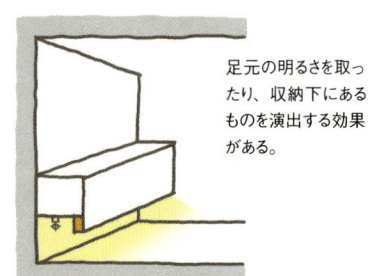

足元の明るさを取ったり、収納下にあるものを演出する効果がある。

● カガミ（幕板）

洗面の手元の明るさを取るための照明。面で反射した光が、顔の影を消してくれる効果も。

● 家具 ＋「幕板」

カウンター手元の明るさを取る。

● 自立壁 ＋「幕板」

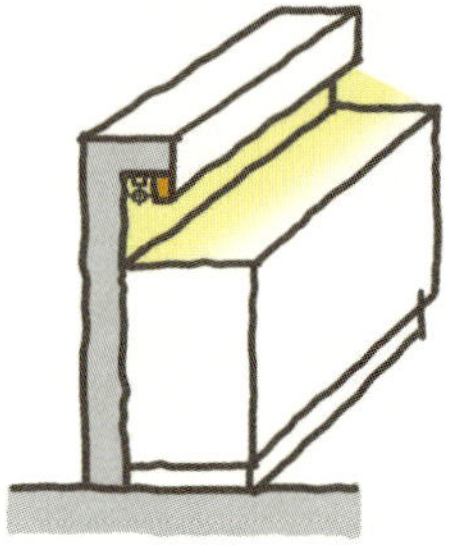

カウンター手元の明るさを取る。

床面(机上面)の収め方のポイント

光の広がりをコントロールする。

基本の収まりは「幕板」=「器具高さ」と説明してきましたが、幕板の高さをかえる場合があります。
玄関や廊下の足元を照らす場合は、「器具の取り付け位置」と「幕板の高さ」で、照らしたい面まで光の広がりをコントロールします。
器具の取り付け位置と幕板の高さは、断面で確認して、ちゃんと指示しましょう。
※ちなみに天井面を照らす場合も同じことがいえます。

● 器具の「取り付け位置」でコントロール

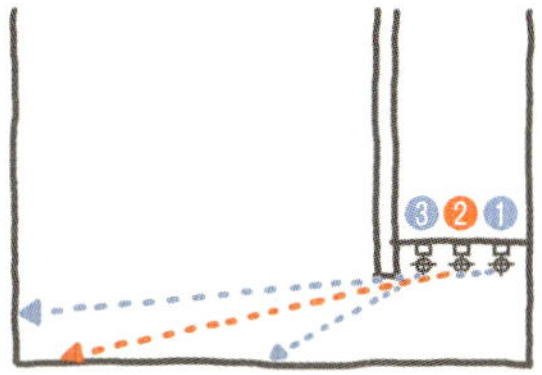

●「幕板の高さ」でコントロール

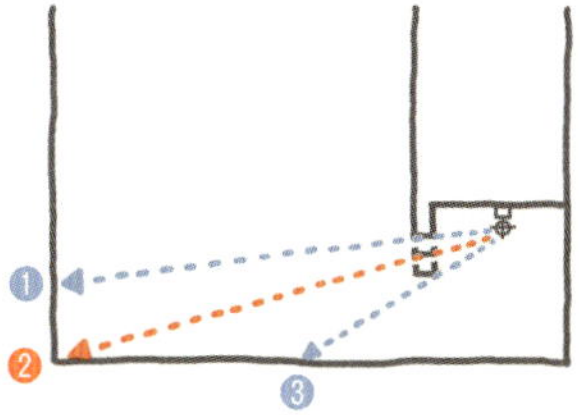

ちなみに
「幕板」がないとこんなことに… \No! No!/

① \Oh No!/ OK そうに見えるけど、光が広がりすぎています。

② \Good!/

③ \Oh No!/ 光が伸びていません。

かくれんぼ失敗例

プラン時の注意はいっぱいあるけれど、
まずは一番多い失敗を紹介します。
建築化照明の基本は、
建築と一体化して器具が
かくれていること。
上手にかくしたつもりでも実は
見えるってこと、けっこう多いんです。

天井　階段から見えないよう注意（上下の目線移動）

空間を移動する人の動きや、用途に応じて人の姿勢、
目線の高さの変化にも注意しましょう。

フロアレベルから見た場合

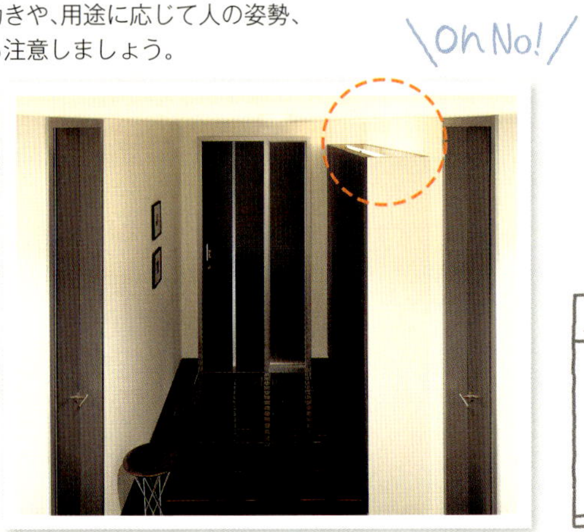

階段上から見た場合

壁　動線によって見えないよう注意（平行での目線移動）

かくしたつもりでも器具が見えてしまうことがあります。L字の壁面への間接では、こんなふうに見えてしまうんですよ。

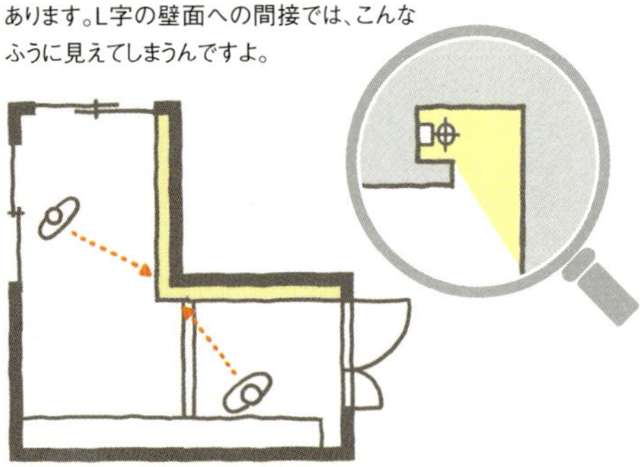

床

映り込みに注意（床に器具が映り込む）

床面(洗面などの机上面)は、ツヤがある仕上げのものが多い。P.30でも説明したように、面材に器具が映り込んで見えてしまっては、上手にかくれているとはいえません。

\Oh No!/

光沢のある素材

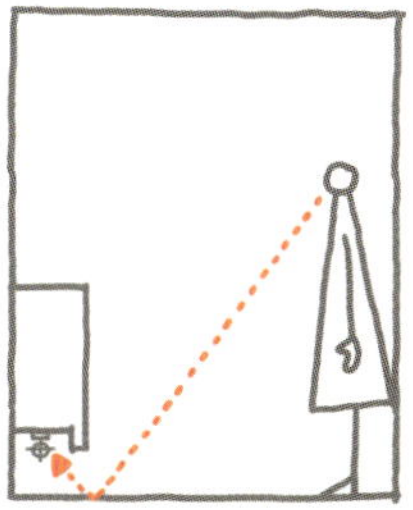

いっしょに
110ページ

\Good!/

マットな素材（下足箱下に白玉砂利を敷いてみました）

演出の光は控えめに!

床に対して、明るさは控えめの方が美しい。器具を端から端までではなく、短めに取り付けることで、ほどよい明るさと雰囲気をつくることができます。

\Good!/ 間口に対して
短めに器具を取り付け

間口全体に器具を取り付け \Oh No!/

息抜きコラム　「娘、ときどきバイク。」

自然は、私たちを癒してくれる大きな存在だと思う。

母には散々反対されたが、『やっぱりお父さんの子やな』と一言。

それ以来、私はバイクに乗っている。

バイクの楽しさは色々あるけれど、自然の中で、普段より五感を繊細に使う。

木陰に入ると、ひんやりとした気温の変化を肌で感じ、

風景がかわるたびに変化する、空気の匂いを楽しんだり。

都会で働いていると、慌しい毎日の中で、自然を感じる機会が少なくなる。

だから休日には、できるだけ自然の中に身を置きたいと思う。

娘とも自然の中で遊ぶ。花の蜜を吸ったり、カエルを捕まえたり。

女の子なのに、虫やトカゲのことを『かわいぃ』と言う娘。

『やっぱりお母さんの子やな』と、私はうれしくなる。

もっと
癒される
空間へ

家元あき流 Healing Lighting プラン法

私の実際のプラン、
ぜひマネしてみて！

INDEX

家元あき流・
Healing Lighting プラン法

グラデーションで癒されることはわかった。

美しいグラデーションをつくる基本のテクニックも理解した。

でも、実際にはどうやって照明計画すればいいの?

そんな声が聞こえそう。

じゃあ、家元あきが毎日の業務で行っているプラン法を

ケーススタディとしてご披露しちゃいましょう。

このまま、あなたのプランとして

活用していただけますよ。

プラン ちょっとその前に

「照明ってほんとにムツカシイですよね」
とよく言われます。たしかに…
デスクでプランしていても思ったような光になるかどうかは、経験を積んでいないと、とんでもないプランになってしまう。
とにかく、たくさんの住宅と向き合ってプランして、夜の現場に行くこと!!
現場では光を見て明るさを感じるだけでなく、いろんな目線で体験すること。建築との取り合い、設備、インテリア、見るとこいっぱい!! 住んでいる人のつもりで体験するのもポイントです。

家元あきの プラン場所

自分のデスク

デスク中央にはパソコンが鎮座していますが、プランする時は、手描きですることが多いのです。
パソコンはメールチェックぐらい…意外とアナログなんです。

社外にも仲間がいっぱい

「いい家」をつくるために、仲良しの設計士さんやコーディネーターさんにも相談します。

ちょっと逃げ込むショールーム

プランに煮詰まった時は、ショールームでちょっとひといき。でも逆にプランの相談をされる。(笑)

家元あきの いつもの道具

お気に入りの道具を探すのが好き!

プランする時に欠かせない道具は、光のイメージを描く「ぐりぐり」に使う赤ペンや黄色の色えんぴつ。
えんぴつはカッターで削るのがチームの鉄則。消しゴムを使うと師匠が怒る!!

Where?

●ショールーム展示場へ行こう！

モデルハウスの見学は、ほとんどが昼間のため建築化照明の光の良さを感じることができません。
だからこそ夕方から夜の展示場、夜の現場見学会、照明メーカーのシミュレーションルームなどでいろんな美しい建築化照明を見て体感して、イメージを持ってほしいのです。
そして自分が一番心地いい明るさを見つけてくださいね。

When?

●建築化照明をプランするタイミングは？

建築化照明は「建築」と一体化した照明。
だから、家の設計と同時に照明プランも進めなければいけません。
とにかく早く！が、理想です。

お施主様への光の説明は
ぜひこの本の写真を
使ってくださいね！

設計士さん・コーディネーターさんへ

ぜひここで建築化照明をご提案してください。予算が決まってしまうと、なかなか実現しにくいのが現実です。

間取りや価格だけではない
光へのこだわりも契約の
ポイントになるかも？

設計士さん・コーディネーターさんへ

インテリアの打ち合わせがはじまって「建築化照明がしたい」と言われた…さて今の間取りでどこまでキレイにつくれるか?腕の見せどころです!

家づくりのプロセス例

- Step 1 計画　モデルハウス見学など情報収集
- Step 2 検討　設計プランと見積比較検討
- Step 3 契約　ハウスメーカー建築事務所等と契約
- Step 4 設計プラン決定　詳細打ち合わせ相談→決定
- Step 5 着工　工事開始
- Step 6 竣工　工事完了
- Step 7 引っ越し　新生活スタート

お施主様へ

早くからどの部屋にどんな光が欲しいのか、設計プラン時に希望を伝えましょう。

お施主様へ

インテリアの打ち合わせがはじまって建築化照明したい!って言っても、この頃にはできないことも多いので、限られた範囲での計画しかできません。

How?

● どうやってプランする？

お施主様のご希望と生活シーンを想像しながら、想いのある部屋にチカラを入れてプランします。
ポイントは、チカラの配分。どこもかしこも建築化照明っていうプランよりも
「他の器具」と組み合わせてそれぞれの光をいかせるプランを心がけています。

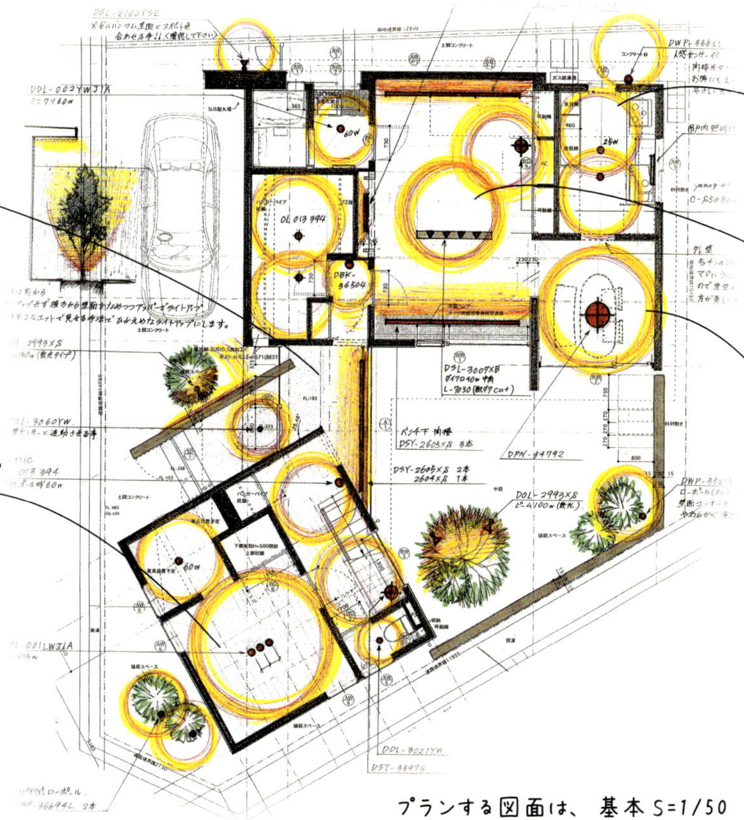

玄関

玄関は家の顔。
家族もお客様も
あたたかく迎える空間に
しなくっちゃ。

ベッドルーム

建築化照明ムリヤリになるなら
ダウンライトかな？
調光機能を忘れずに。

キッチン

オープンキッチンの場合は、建築化照明って、
イイコトずくめなんですよ。
でもこの間取りならダウンライトかな。

リビング

リビングは家族が集う場所。
建築化照明で、グッとおしゃれにしよう。

ダイニング

照明はインテリアのひとつ。
私は、ペンダントも提案します。

プランする図面は、基本 S=1/50 壁を塗りつぶしてプランスタート★
空間が複雑な時は、パースを描いて、その空間に似合う照明を考えます。
建築との取り合いがムツカシイところも説明用にパースを描きます。
ことばだけじゃ伝わりにくいので、できる限り見てわかりやすいプレゼンを！
ということで今日も「ぐりぐり」しています。

ケーススタディ①

Living

リビング

重厚な梁が通る傾斜天井に注目！

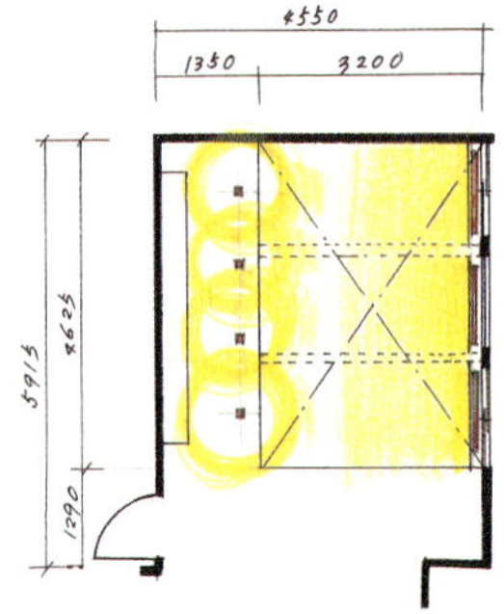

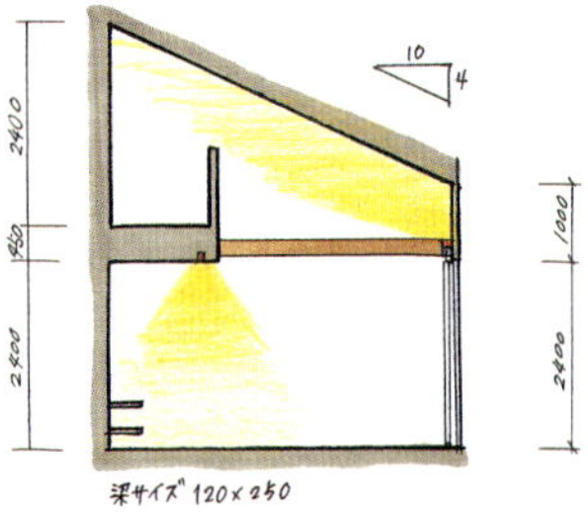

癒しのプランはコレ!

傾斜天井に癒しの光をプラスして、高天井がもっと心地いい空間に。

梁のある美しい空間には、できるだけ器具を見せたくない。こういう空間こそ、建築化照明の出番です。大きな窓があるから、カーテンBOXと一体化して、キレイに収めましょう。梁との取り合いも違和感なく、部屋全体にまわる光がつくれますよ。BOXの出幅は、カーテンに合わせて検討しましょう。

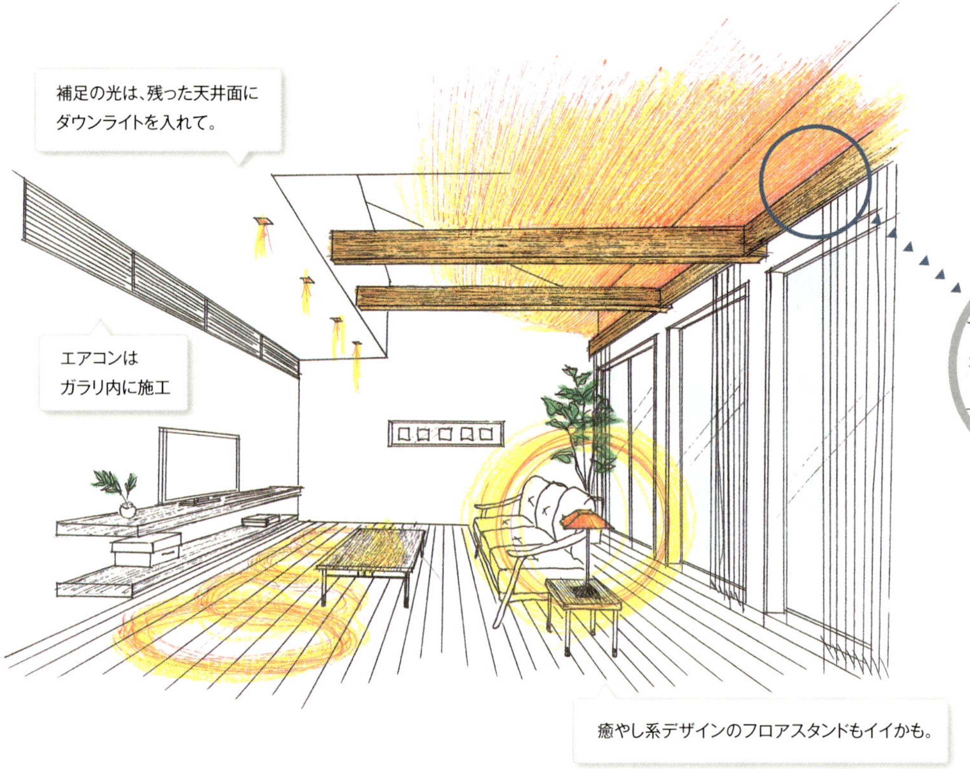

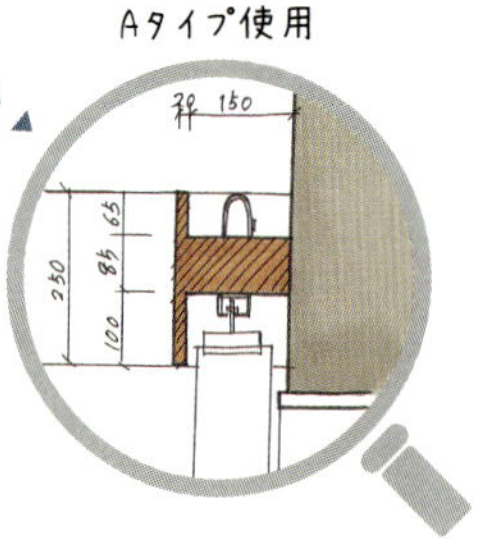

設計さん・施工さんへの確認とお願い！

- 「照明器具と一体化したカーテンBOX」を梁の高さと合わせてつくってもらえますか?
- BOXの色・素材は、梁と合わせてくださいね。
- 空間をキレイに見せたいから、エアコンは目立たないようにかくしたいです。できますか?

建築の美しさを生かす照明プラン。
本当のセンスのよさって、こういうことじゃないのかな?!

高天井側で収めるなら注意が必要です。

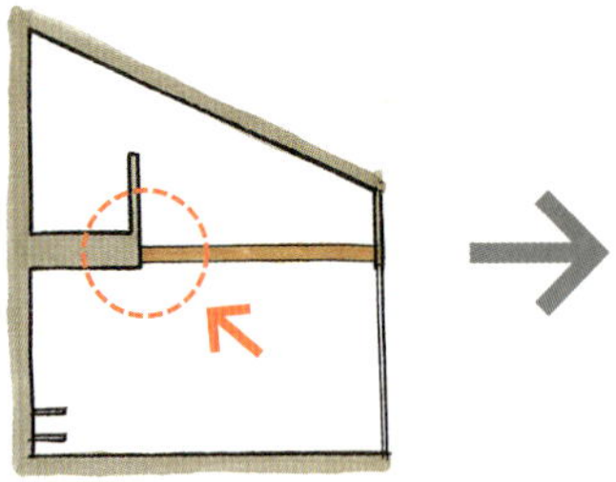

\Oh No!/

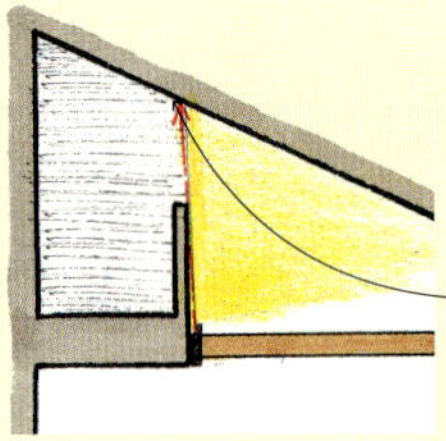

この間取りではこんなことになってしまうので注意!

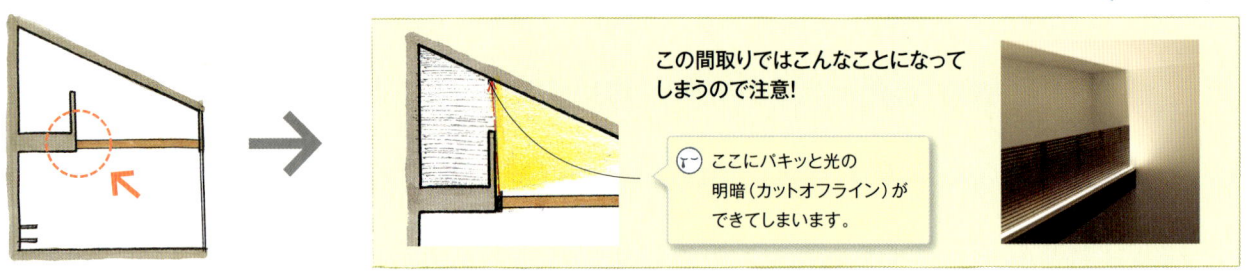

ここにパキッと光の明暗(カットオフライン)ができてしまいます。

「梁」との取り合いでは、こんな収め方があります。

Ⓐ 梁の下にアゴ

・器具は梁の間にしか設置できないので梁の上に影ができる。
・梁の側面に光がバチッとあたる。

Ⓑ 梁の上面と揃えたアゴ

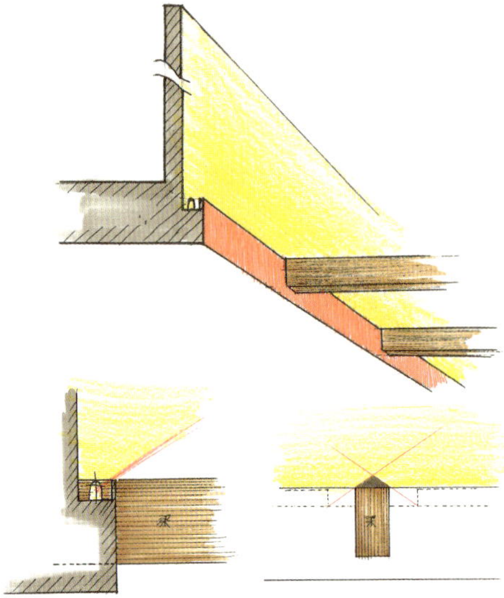

・器具は梁の間にしか設置できないので梁の上に少し影ができる。
・P.61 のカーテンボックスも同じことが言えるが、影が目立ちにくいので許容範囲。

Ⓒ 梁の上まで伸ばしたアゴ

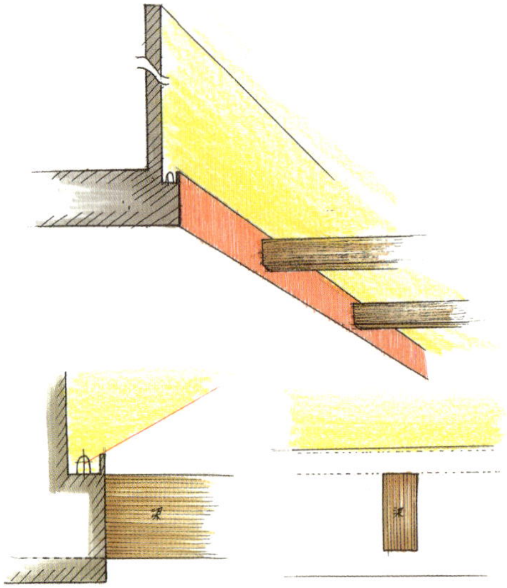

・幕板面が梁より大きくなり、梁の上に器具がのるような形で全面に設置できる。
・壁に対して影のない、キレイなグラデーションが生まれる。

Aタイプ使用

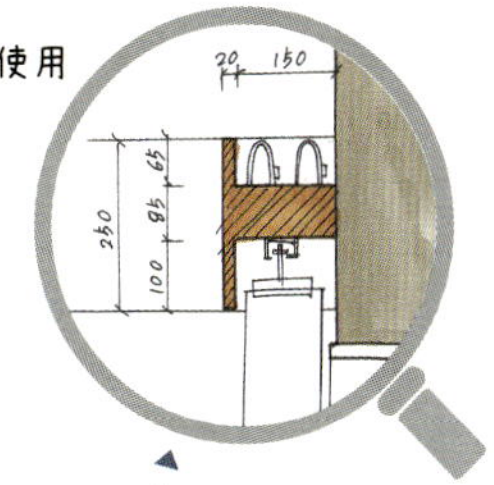

広い空間なら、器具を2列で並べるのもオススメ。

2列にすると天井面でバウンドした光がTVボード側まで広がるのでダウンライトなしでもOK!

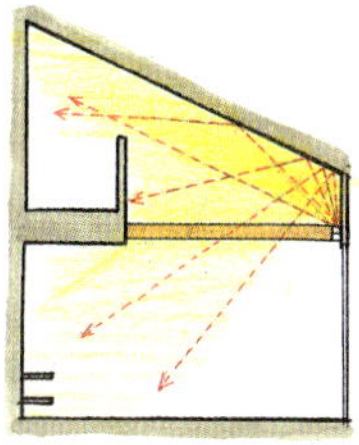

\Oh No!/

建築化照明なら器具を減らすことができるので、梁の魅力を引き出すことができますが、他の手法だと…。

うーん、これでいいの～?

梁は茶色なのに、なぜか白の配線ダクトに白のスポットいっぱいつけちゃったり、梁の上にのせた器具が下から見えちゃったり…

ケーススタディ②

Dining

ダイニング

ペンダントの意匠をいかす、壁面のグラデーション。

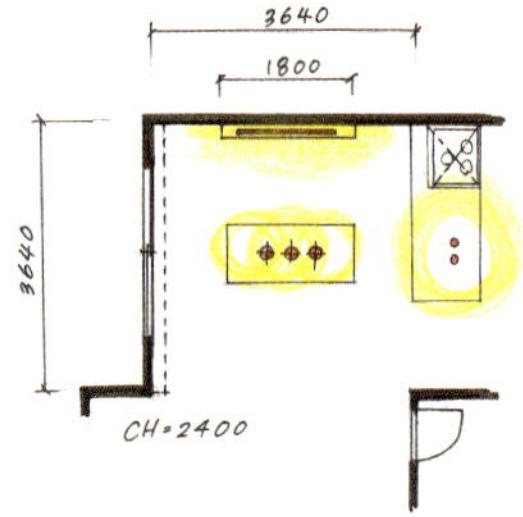

癒しのプランはコレ!　テーブル上には、お気に入りのペンダント。

空間の明るさは、壁面でしっかり確保。美しく光る壁にペンダントがシルエットとして映る、「絵」になるダイニングをつくりましょう。
壁面を照らすときは、いつも壁全体を折り上げるけれど、レンジフードもあるしカーテンBOXもあるし…どこまで折り上げる?
では、キレイな壁センターで、部分的に折り上げちゃいましょう。

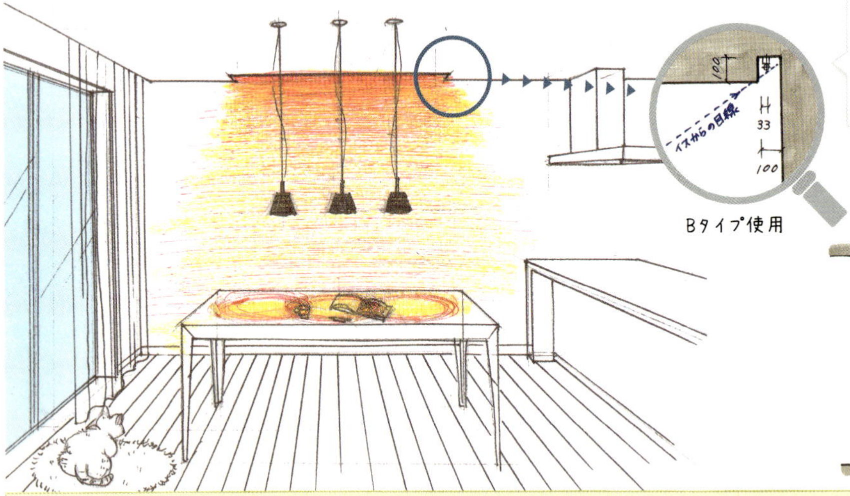

突き当たりの壁なので、光の広がりや明るさを重視した、この収まりで!
壁向きに座っている人から見えにくいように、器具は手前につけます。

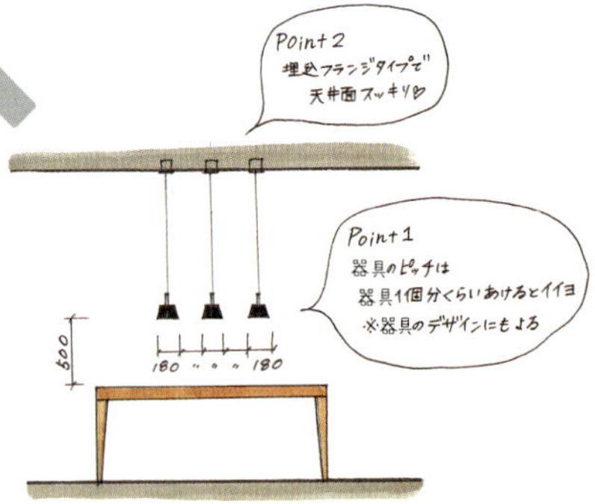

\Oh No!/

ちなみに、ペンダントを中心にプランするとこんなことになりがちです…

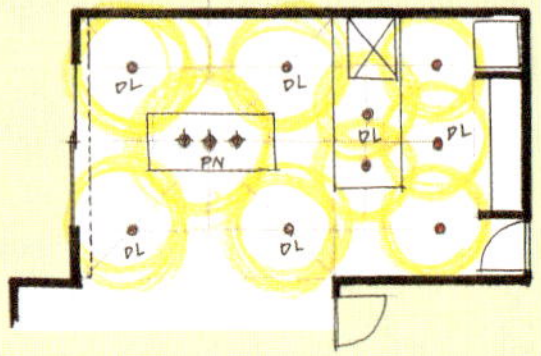

まさか!?の分散配灯（笑）
ナイナイ!

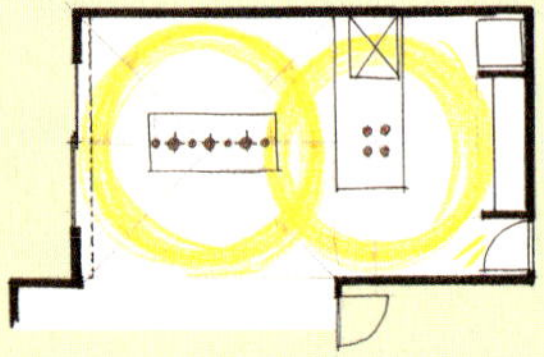

ペンダントの根元がごちゃごちゃする。

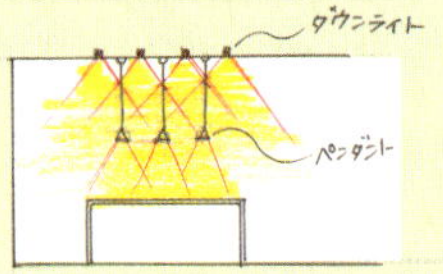

設計さん・施工さんへの確認とお願い!

- 天井折り上げできますか?
  ダメならカーテンBOXくらいの折り上げでも。
- 折り上げ天井の長さは、テーブルのワイドに合わせてください。ペンダントも、折り上げセンターとずれないように付けてくださいね。

あたたかい雰囲気のダイニングが完成。
壁面が明るいとなんだかすごく落ち着きます。
ペンダントと使い分けて光をもっと楽しんで。

ケーススタディ③

Kitchen

キッチン

ママが主役のステージこそ、癒しの光で。

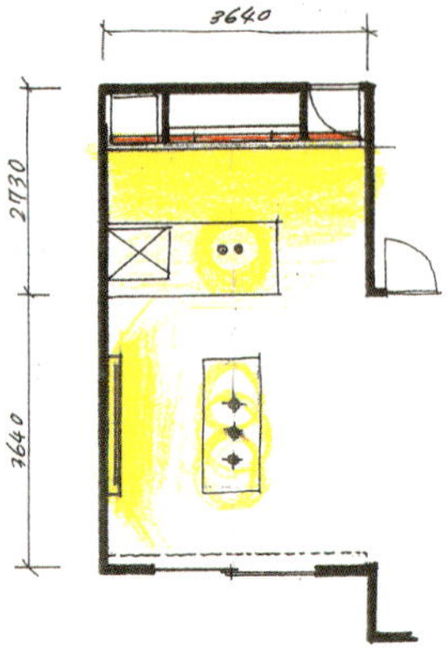

癒しのプランはコレ!

収納上に建築化照明＋ダウンライトでスッキリ！

LDKの連続空間は、とにかくスッキリキレイに収めたい。だからキッチンは、収納側から天井面を照らす光にしましょうか?! 食器洗いとかなら、これだけで大丈夫だけど、お料理する時のママは戦闘モードだから、この光はちょっとやさしすぎる。そんな時は、ダウンライトをプラスして。

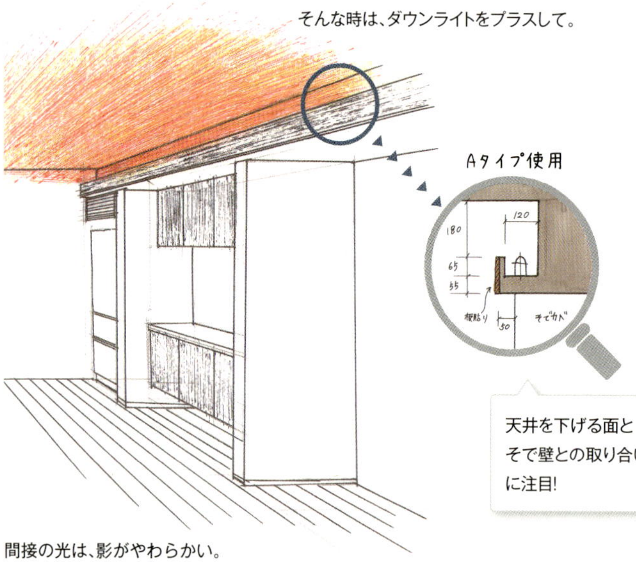

天井を下げる面とそで壁との取り合いに注目!

間接の光は、影がやわらかい。
しっかり明るさが必要な時は、ダウンライト点灯！

間接光だけ

間接光＋ダウン

ちょうどイイ感じになりました!

\Oh No!/

キッチンでよく見かける配灯

通路をまんべんなく照らすダウンライトに、手元を照らすダウン。
たくさんのダウンライトが散らばった印象に。

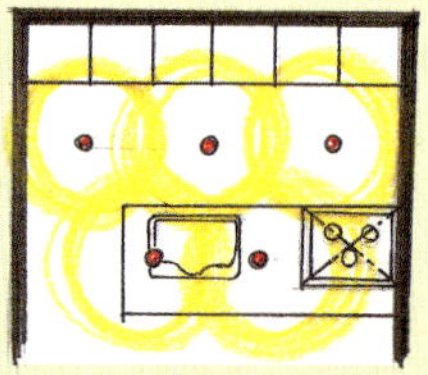

設計さん・施工さんへの確認とお願い！

- 建築化照明したいんですけど、天井を下げた際、収納や建具との取り合いは大丈夫ですか？
- そで壁があるので、天井を下げる面を少し手前に施工したいです。
- 見つけ面の素材を切り替えると、もっとかっこよくなりますよ。

オープンタイプのキッチンは、
ママの定位置。だから、
収納上を上手にいかした建築化照明で、
家中で一番好きな場所に。

ケーススタディ④

Bedroom

ベッドルーム

カーテンから透過する光が美しい一石二鳥のプラン。

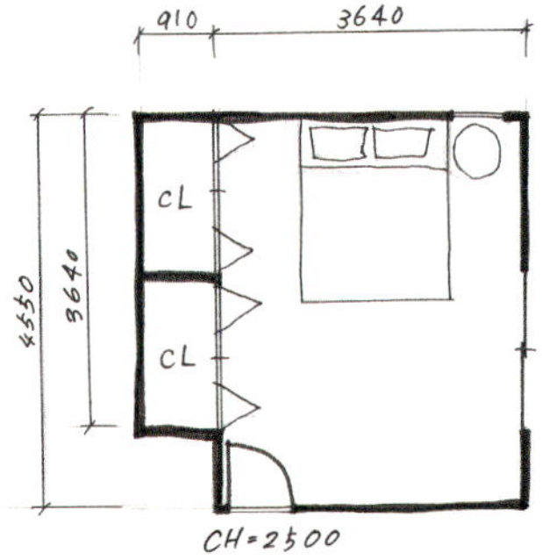

癒しのプランはコレ!

クローゼットの照明を寝室の間接照明として活用するプラン。

寝室にクローゼットがつくり付けられている場合、建築化照明をしても、結局、収納の中を見る時、暗いんじゃないかって収納の前にダウンライトが追加されてしまいます。

ベッドからは天井を見上げることも多いので、ぜったいにキレイな天井を残したい。そんな想いで、空間も収納も明るい、やさしいグラデーションの光をつくってみました。

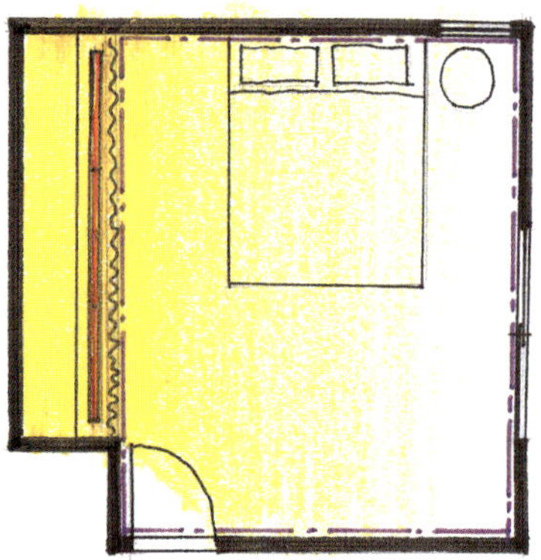

―・―・― 廻り縁

Iemoto's EYE

廻り縁を幕板にするアイデア!

部屋の上部、天井と壁の境には"廻り縁"がまわります。今回この"廻り縁"を収納の前にもまわして、カーテンレールと器具をかくす役割を持たせました。

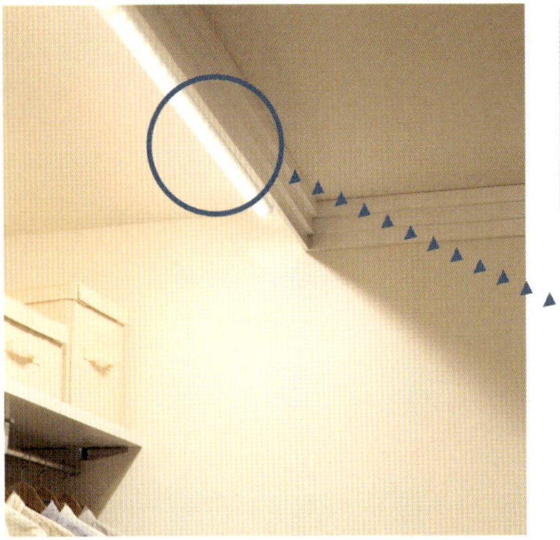

思い切って収納の建具をカーテンに!

カーテンを透過した光が寝室の明るさになるので、カーテンの素材は収納の中が見えすぎず、なおかつ光が透過するものを選びましょう。

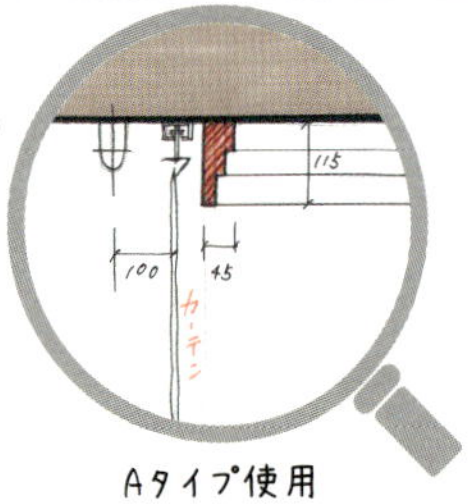

Aタイプ使用

寝室には調光機能をプラス!

寝室には、基本的に調光できる器具をオススメしています。小さなこどもさんや赤ちゃんがいるご家庭には、添い寝することを想定して、ぜったい調光タイプに！夜中の授乳や、絵本の読み聞かせなどに、とても便利。実はコレ、私の体験にもとづくプランなんです。(笑)

光だけじゃなく、インテリアもやさしい感じ。
眠るのがもったいないほどの心地よさです。

ケーススタディ⑤

Bedroom

ウォークインクローゼット付き
ベッドルーム

自立壁で、2つの空間に必要な光を届ける方法。

まる〜く光だまりができるのが
あったかくていいね!

ウォークインクローゼットも
充分な光が届いています。

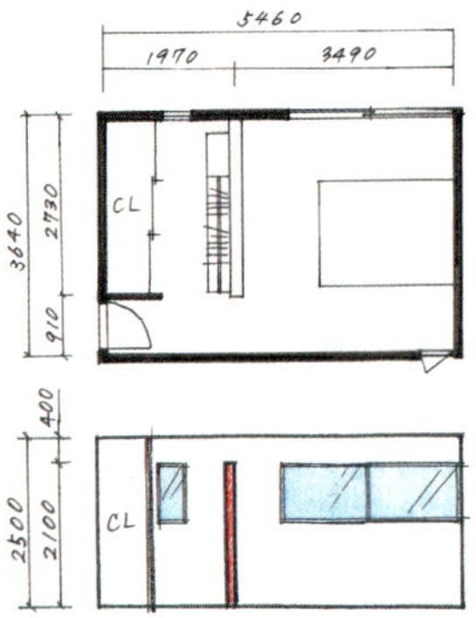

癒しのプランはコレ!

自立壁からの間接照明で、空間の広がりと演出効果を狙う。

部屋を広く見せるために、ウォークインクローゼットの仕切り壁を天井まで上げず、自立壁にするプランも、よく見られるようになってきました。この自立壁の上面に器具を入れて、天井を照らします。バウンドした光が、寝室側とクローゼット側両方に降り注いで、とてもステキな雰囲気に。枕元にはスタンドなどのタスク照明をプラスしましょう。

自立壁の高さ設定

天井から300mm以上離す。空間にある建具などと高さを揃えると美しい。

器具の入れ方は?

1 自立壁全体に入れる?（Aタイプ2本使用）

自立壁全体から光が出るので明るい。

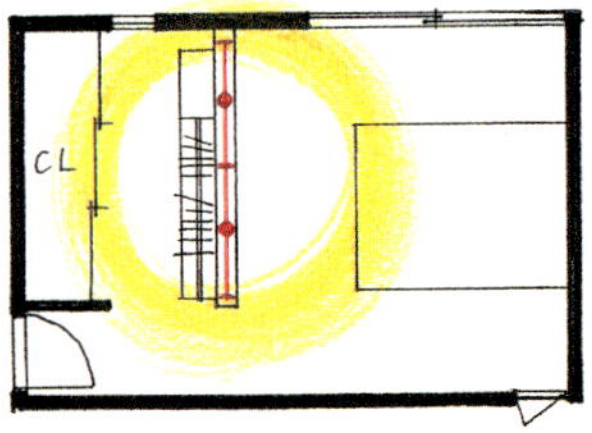

壁両端部での光の広がりがかわり、奥の壁に光がバチッとあたる。

② 天井センター部分に入れる?(Aタイプ1本使用)

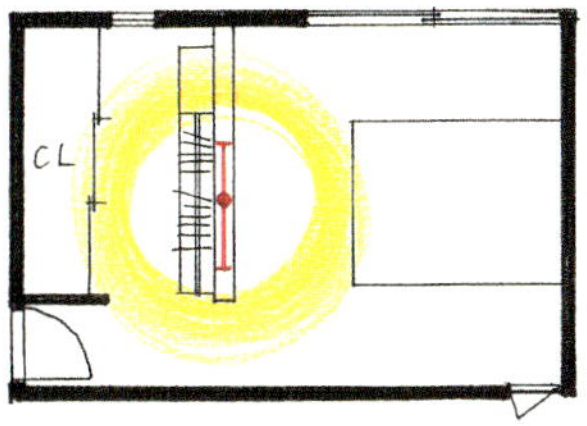

天井面の中央部分にだけ
光がたまるのでキレイ。

中央に1本の光だと
少し暗いかな…。

③ 2列に入れてパワーアップ!(Aタイプ2本使用)

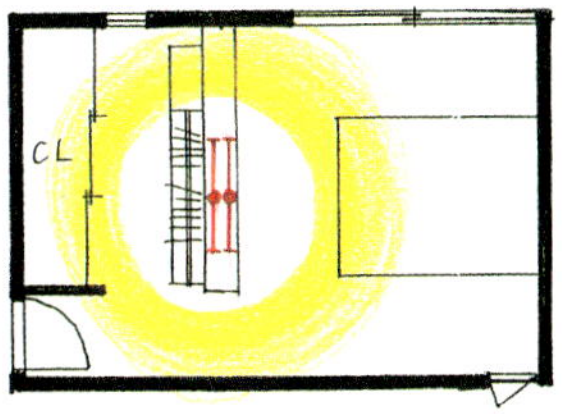

天井面の中央部分に2本分の
光がたまるから明るい。
壁にイヤな光があたらない。

壁が少し分厚くなる。

ケーススタディ⑥
Japanese-style room
和室

落ち着いた、やわらかい光が似合う和室。

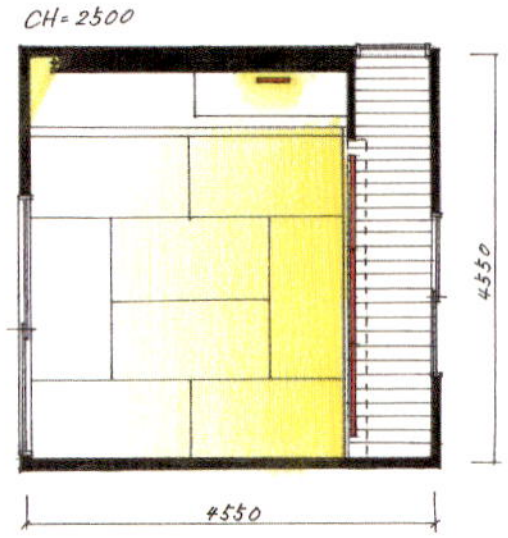

癒しのプランはコレ! 天井面から降り注ぐやわらかい光をつくりましょう!

客間として使うことも多い和室だから、
床の間も、光で演出しておきたいですね。

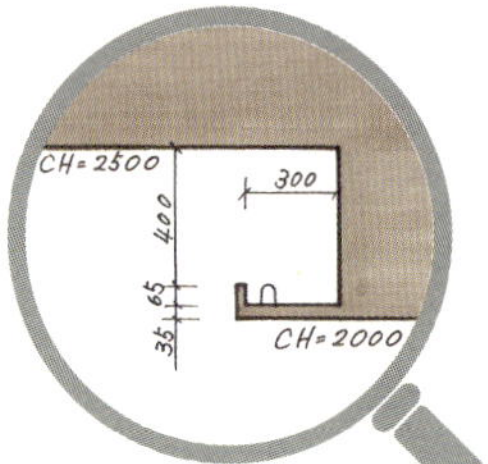

Aタイプ使用

Iemoto's EYE

お施主様から、「間接照明だけではちょっと明るさが不安」と言われた時は、あとで器具をプラスできるように。
天井裏の中心まで、配線を用意しておきませんか。
コレを「かくし配線」っていいます。

器具をつけるのって天井の中心?畳の中心?

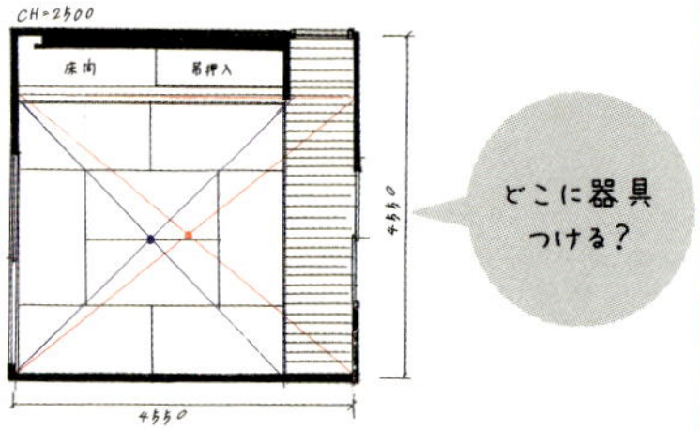

板の間がある和室の場合、部屋の天井の中心と畳の中心がズレているから、器具の設置場所に悩む。

↓

こんな時は、まず、天井面を整理しよう!

板の間部分の天井を下げて面の素材を切り替えてもらうと、畳の中心と天井の中心が揃うので、照明プランがしやすくなりますよ。天井を下げるなら建築化照明をつくりませんか?

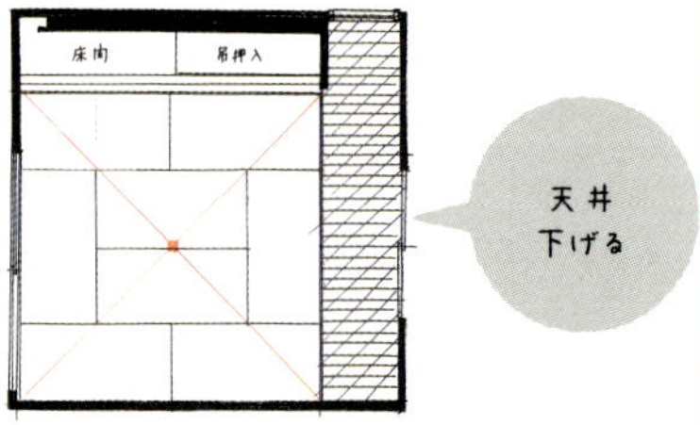

設計さん・施工さんへの確認とお願い!

- 板の間の天井を下げた時、窓、建具との取り合い大丈夫ですか?
- 長押とアゴの見つけ面を合わせてもらえますか?

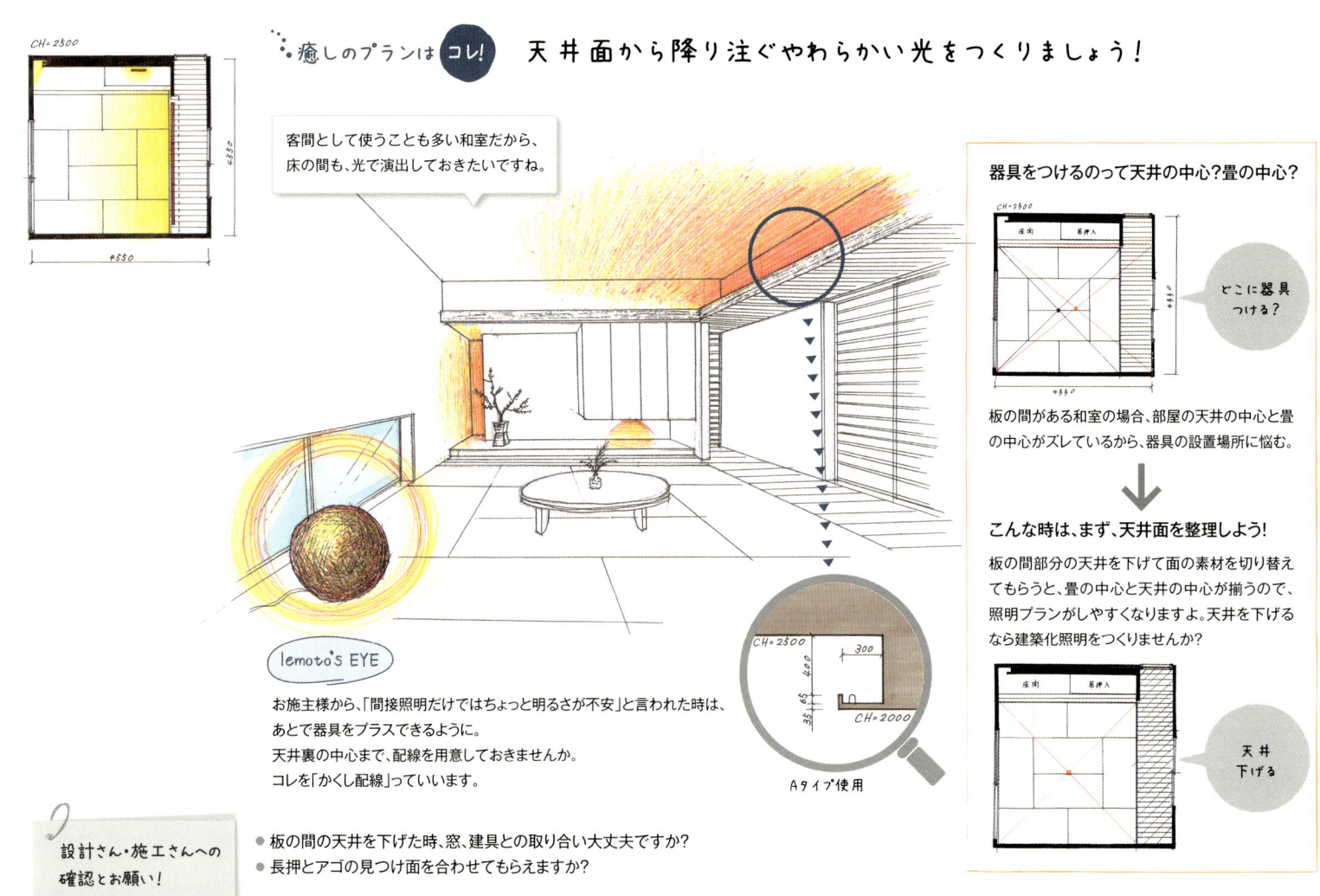

みんなを包み込む、おもてなしの光。
すっきりキレイな印象だから、和のしつらえがいっそう際立ちます。

和室の演出方法って、いろいろあるけど…

癒しのプランは コレ!

和室には、縦の間接照明も似合うんですよ。吊戸下も演出して、旅館みたいに。

和室って、大切なお客様をお招きしたり、時にはお泊まりしていただいたり。
寛ぎと格式とが共存する空間が理想ですよね。
床の間にも、光の演出を取り入れると、グッと雰囲気がよくなりますよ。

床の間

床の間内に光が収まるように幕板の幅で調整しましょう。

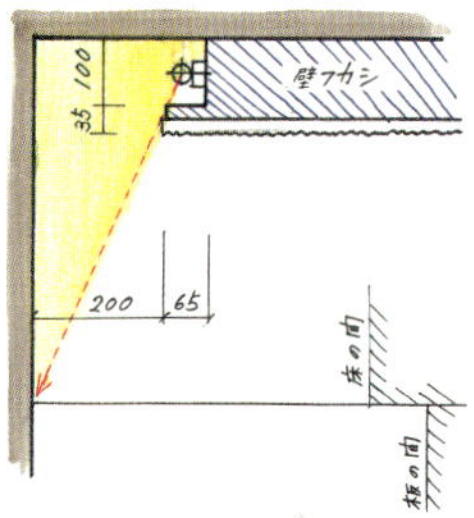

光の広がりを幕板で
コントロールしましょう。
器具を奥へ入れすぎると
壁にカットオフラインが
できてしまいます。

吊戸下

吊戸下に光があると、落ち着いた雰囲気に。吊戸の左右いっぱいまで器具を入れるのではなく、
真ん中あたりがほんのり光っているくらいが、趣ある印象になりますよ。

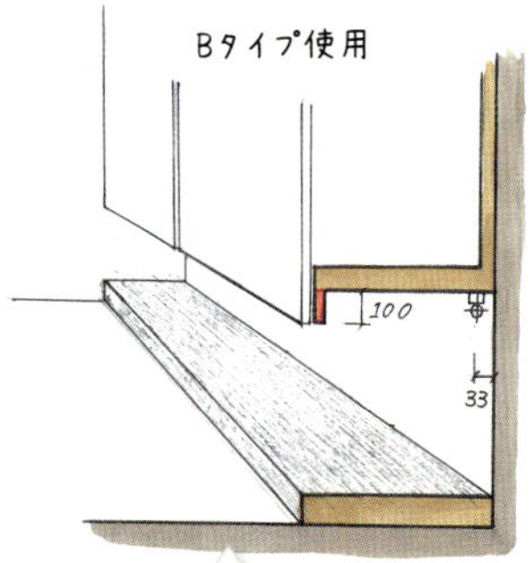

扉の内側に幕板をつくるのがお約束です。
合わせ目から光がもれたり、
戸を開けたら器具が丸見えに。

注意！
ツヤのある黒い素材を床の間に使用する場合は、器具が映り込んでしまいます。

いっしょに
53ページ

設計さん・施工さんへの確認とお願い！

- 床の間や吊戸下に幅木をまわす場合は、細くて目立たないものにしてくださいね。壁の色と同色がオススメです。

番外編

癒しのプランは コレ!

四方折り上げ天井で網代を魅せる光。

四方折り上げ天井は、折り上げ面積が小さいと、アゴが重たく見えてしまいます。
網代天井がしっかり見えて見えがかりの軽いアゴをつくりましょう。

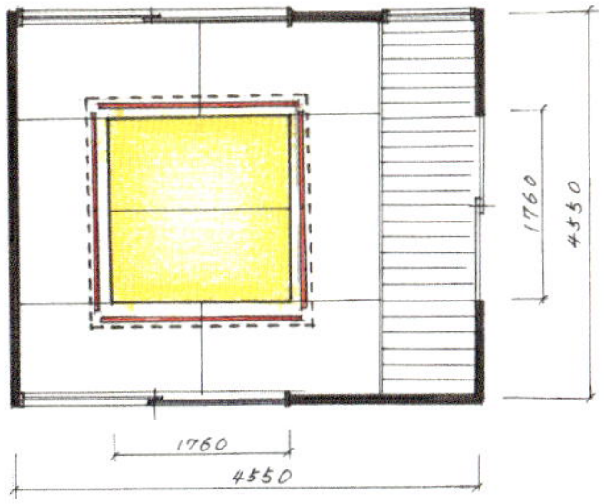

いつもの収め方

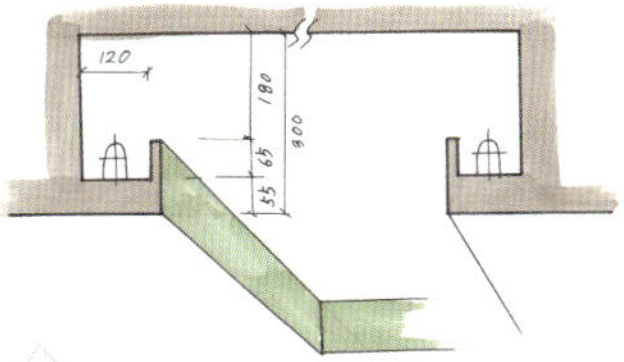

四方折り上げの面積が小さいと「見つけ面」=「アゴ」が重たく見えてしまいます。

↓

今回の収め方

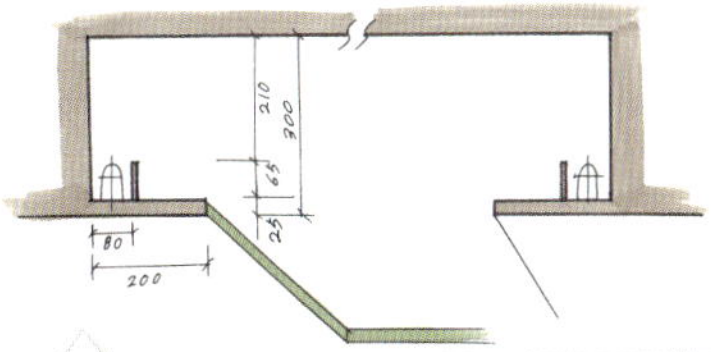

幕板をセットバックさせることで、四方折り上げの「見つけ面」を薄く見せることができます。
そうすることで天井面がしっかり見えるようになります。

折り上げ部アップ

ケーススタディ⑦
Entrance
玄関

中庭を見せる玄関は、「室内」と「庭」の光を同時に考えましょう。

室内から見た目線を考える！

庭の照明は「外構工事」で考えようと思っていませんか？
建築側の工事で、庭も演出することをオススメします！

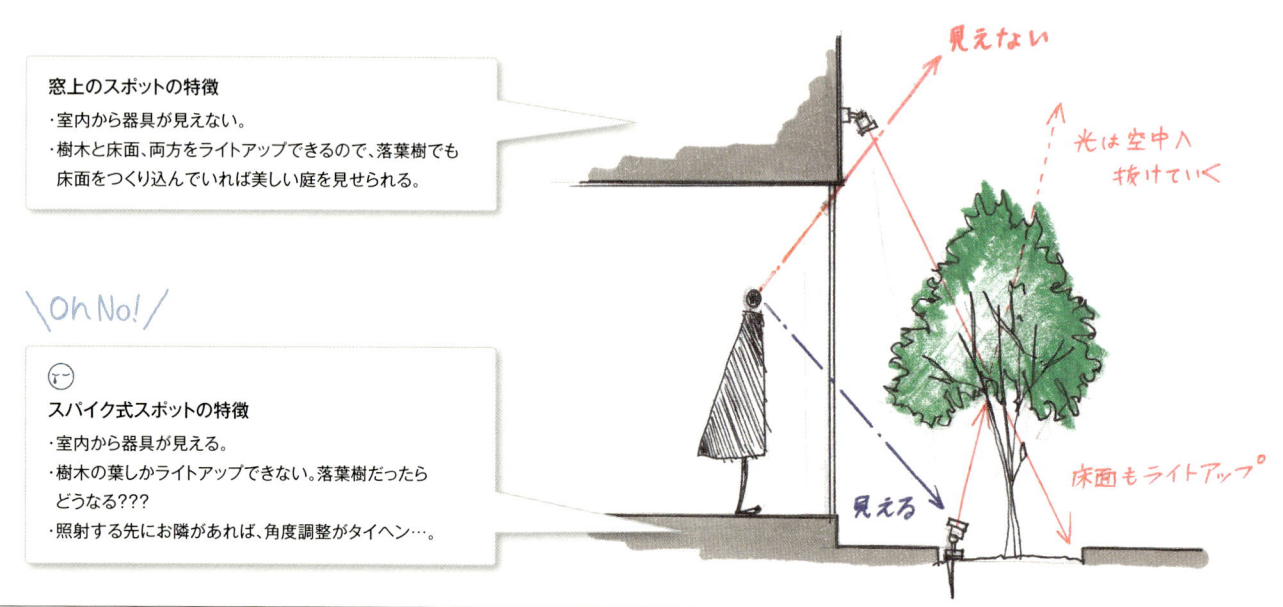

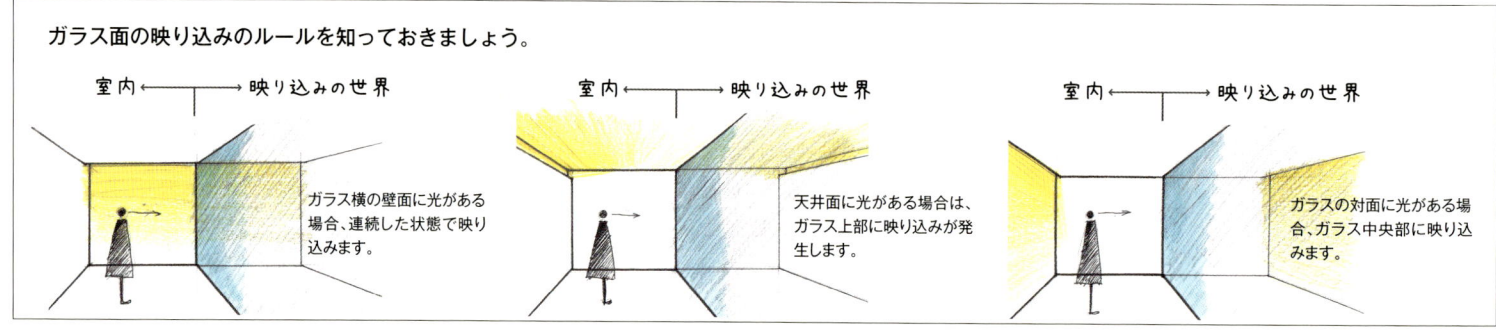

窓上のスポットの特徴

・室内から器具が見えない。
・樹木と床面、両方をライトアップできるので、落葉樹でも床面をつくり込んでいれば美しい庭を見せられる。

\Oh No!/

スパイク式スポットの特徴

・室内から器具が見える。
・樹木の葉しかライトアップできない。落葉樹だったらどうなる???
・照射する先にお隣があれば、角度調整がタイヘン…。

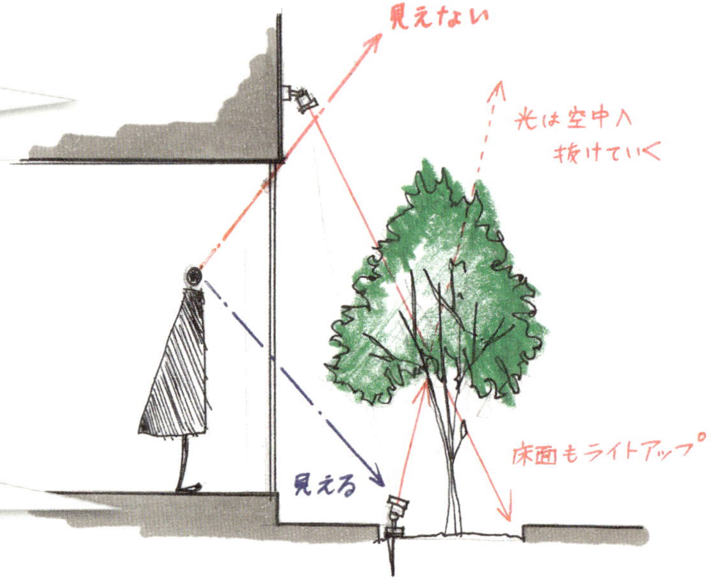

ガラス面の映り込みのルールを知っておきましょう。

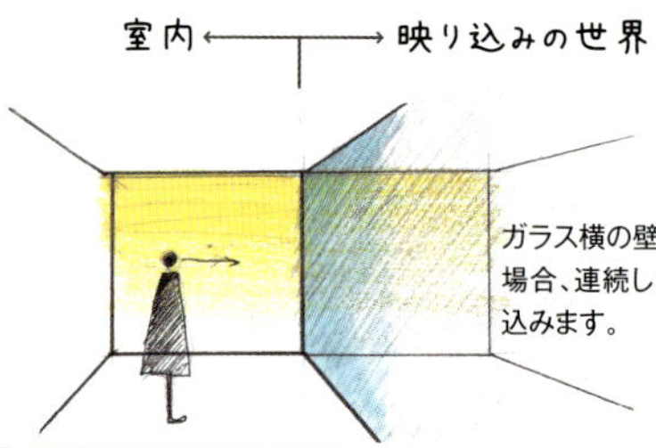

ガラス横の壁面に光がある場合、連続した状態で映り込みます。

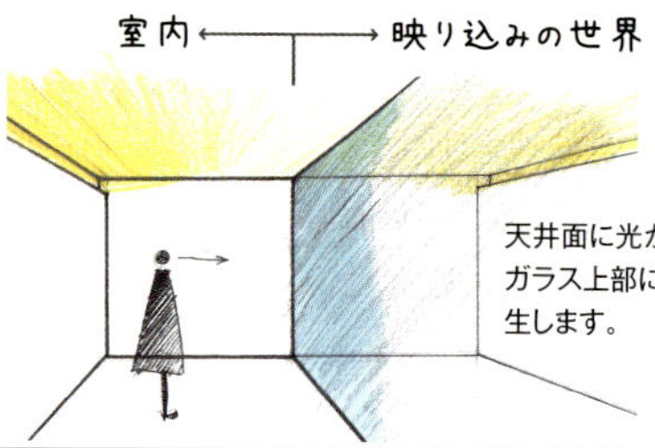

天井面に光がある場合は、ガラス上部に映り込みが発生します。

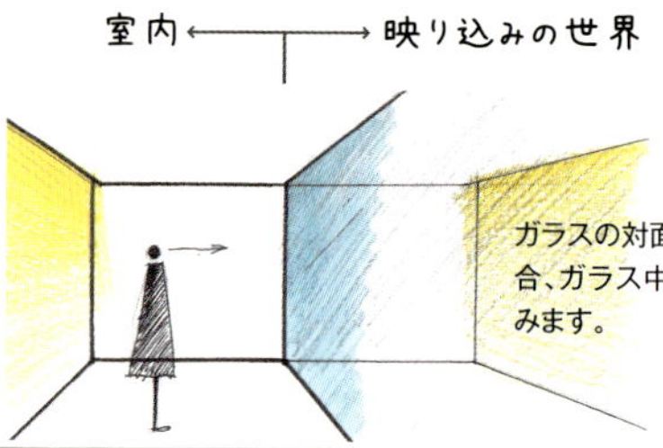

ガラスの対面に光がある場合、ガラス中央部に映り込みます。

映り込みを検証してみよう！

中庭側から玄関土間側への光

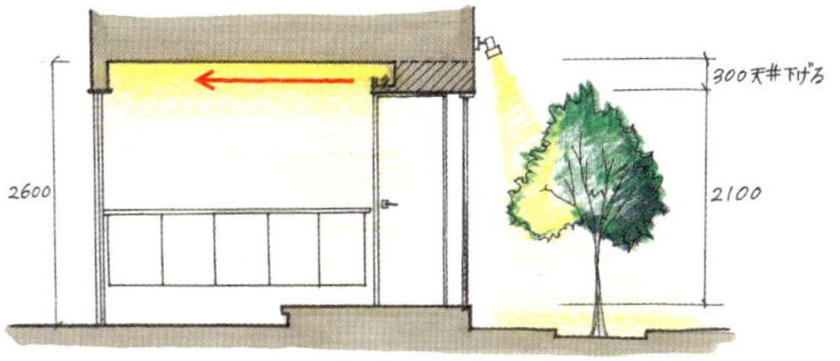

●やさしい光に見えるように、BOXの奥行きを少し深めに取りました。

●窓や建具との高さや出幅を合わせる。

POINT

ガラスへの映り込みはあまり気にならないので、
庭のライトアップは、どんな手法でも似合いますよ。

Aタイプ使用

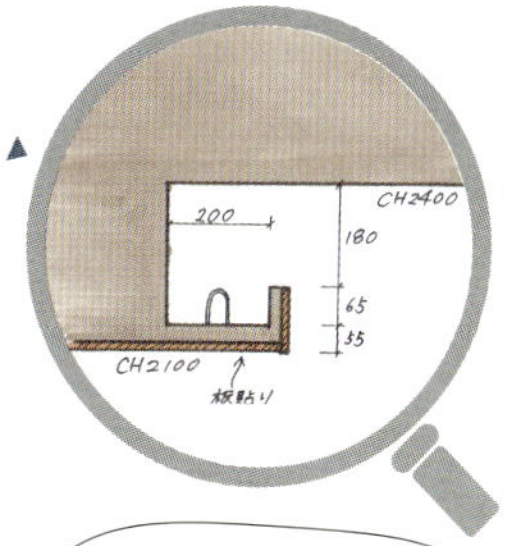

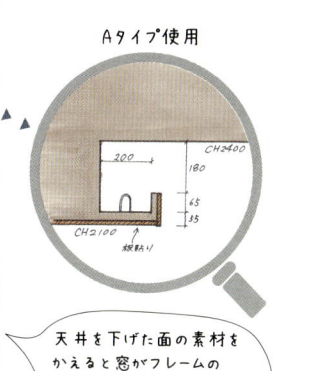

天井を下げた面の素材を
かえると窓がフレームの
ように見え、引き締まります。

玄関土間側から中庭側への光

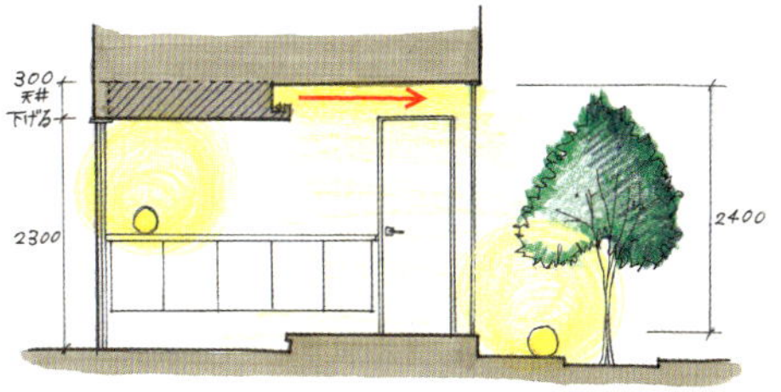

●土間に合わせて天井をダウン。

●土間側の明るさは、他の照明をプラス。

POINT

ガラスの上部の方に光が映り込むので、樹木のライトアップは
光が重なりごちゃついた印象になるのでムツカシイ。
庭の光は下の方にあるほうが無難。

Aタイプ使用

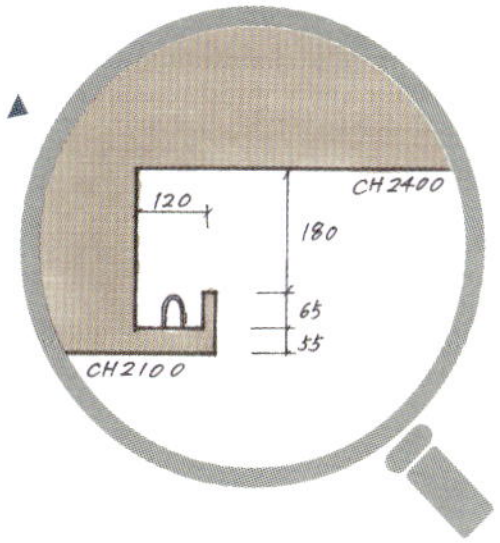

癒しのプランはコレ!

壁をつくることで映り込みを防ぐ。地窓から坪庭が見える上品な空間に。

正面に全面ガラスがある間取りでは、土間から中庭側への光はガラスに映り込んでしまいます。
全面ガラスの向こう側の景色が家の外壁だけだったり、見られたらイヤな部屋なら地窓にするのも1つの手段。
正面の壁が大きく残るので、天井からの光がリバウンドして玄関ホール全体を包んでくれます。

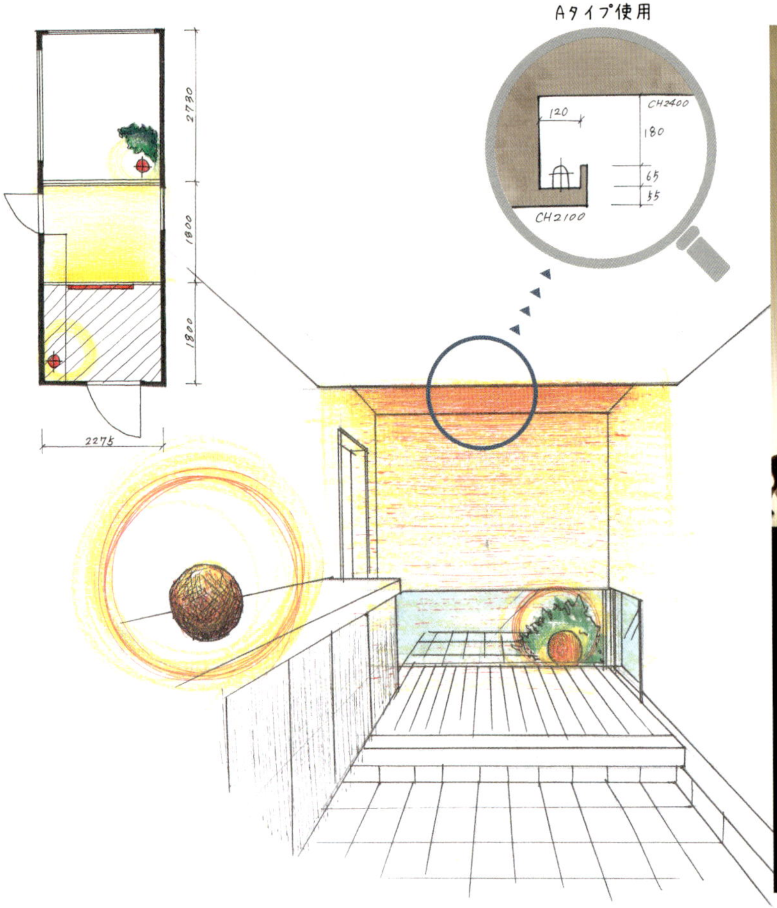

設計さん・施工さんへの確認とお願い!

- 天井を下げる際、玄関扉との取り合い、大丈夫ですか?
- 中庭は、足元を見せるようなつくりにしてくださいね。

癒しのプランは コレ!

光をガラスに映り込ませ、奥行き感を演出します。

光のグラデーションが、中庭まで連続してガラスに映り込んでいき、奥行きのある玄関に。
ライトアップする植栽は、室内の光の映り込みと重ならないようにしましょう。

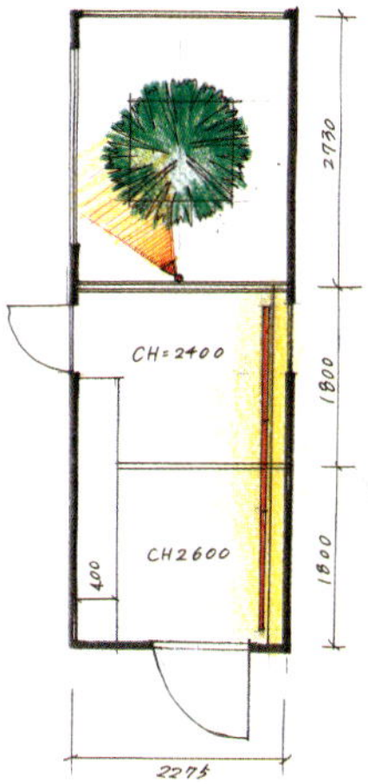

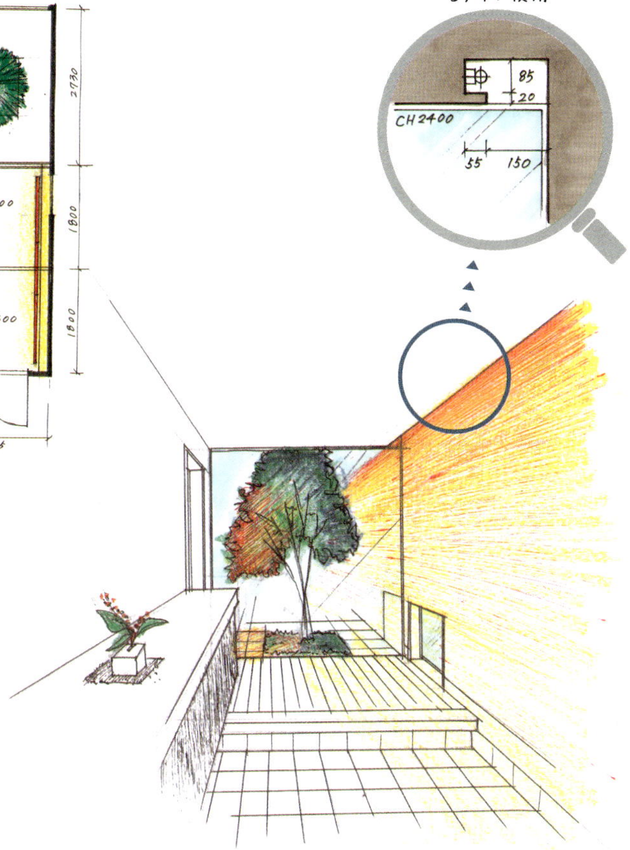

設計さん・施工さんへの
確認とお願い!

- 壁面を照らしたいので、壁にある窓を地窓か窓なしに変更できませんか?
- 器具まる見えはイヤなので、上図の収まりでお願いします。明るさもちょうどよいです。

息抜きコラム 「カエルに癒される。」

“癒される”といえば、やっぱりペット。

田舎で育った私は、とにかくいろんな動物と生活してきた。

イヌ。ネコ。ヒヨコ→ニワトリ。セキセイインコ。カメ。金魚。ハムスター。

かぶとむし。拾ってきたモグラ。ウサギ。カエル。カエルのゴハンのコオロギ。

どれもカワイイペット達。

カエルは、父からバレンタインのお返しにもらって育てていた。

脱皮する姿がかわいかったカエルの『小銭』。ある日焼肉を食べて

上機嫌で帰ってきたら…水槽の中で動かなくなっていた。(涙)

今度カエルを飼う時は『おたまじゃくし』から育てたいと思っている。

今は、カエルの小物をいっぱい集めて癒されている。

仲良しのコーディネーターさんとカエルグッズを交換したりも…

好きなモノに囲まれて暮らすのが、一番の癒しなんだと思う。

グラデーションの光も、みんなの好きなものリストに入るといいな。

現場の“知りたい”に応える

困ったときの家元スペシャル

もっともっと
上手になってね!

INDEX

Rescue 01

カンタンなのに効果的なプラン

カーテンを照らす

カーテンを照らすのって、やわらかい印象で、キレイですよね。でも・・・

1つの壁の中にいろんな条件違いの「窓」が存在する。
位置や大きさなど、壁の中でバラバラの「窓」=「カーテン」を照らすより
やわらかい印象の大きい壁をつくってあげましょう。

カーテンだけを照らす…?

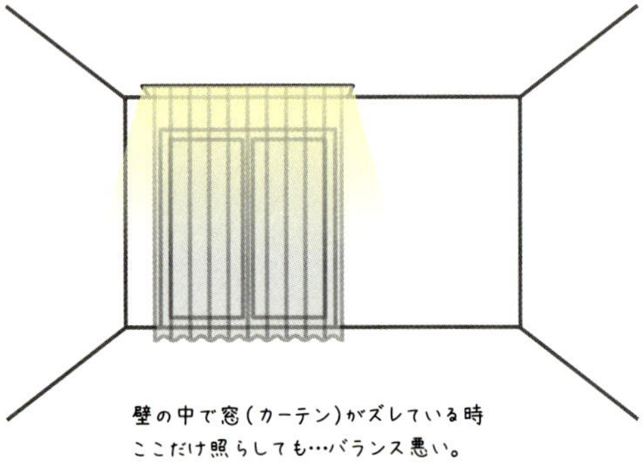
壁の中で窓(カーテン)がズレている時
ここだけ照らしても…バランス悪い。

1つの壁に大きさの違う窓があると…

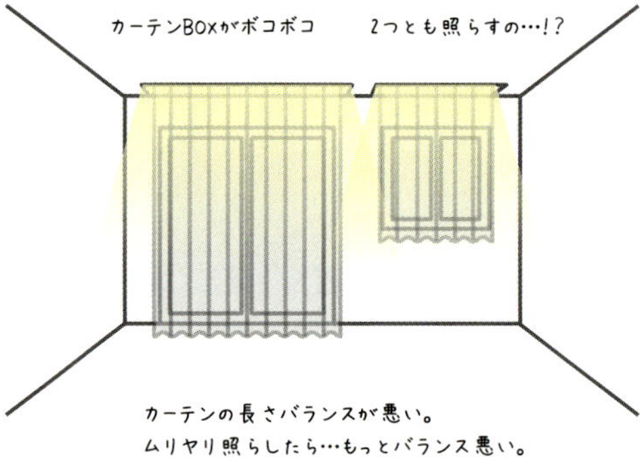
カーテンBOXがボコボコ
2つとも照らすの…!?
カーテンの長さバランスが悪い。
ムリヤリ照らしたら…もっとバランス悪い。

解決アイデア

窓と壁、関係なく、壁一面にカーテンを施工

壁一面にカーテンを施工することで
窓の形違いも気にならない。
キレイにドレスアップした壁なら
ぜんぶ照らしてあげた方がいいですよ。

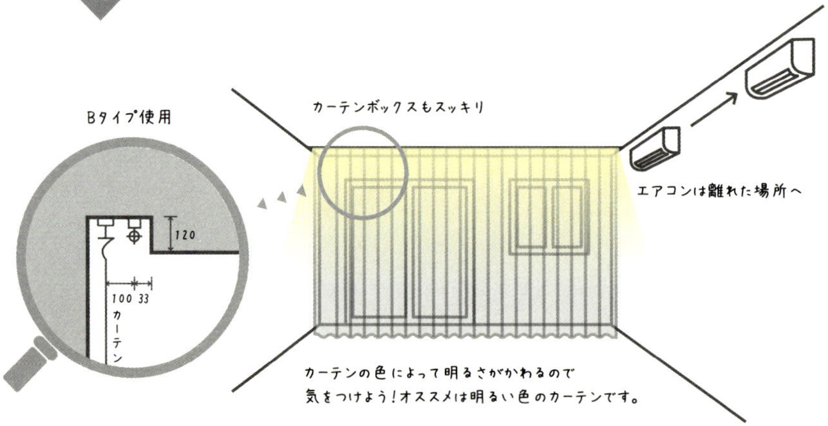
Bタイプ使用
120
100 33
カーテン
カーテンボックスもスッキリ
エアコンは離れた場所へ
カーテンの色によって明るさがかわるので
気をつけよう!オススメは明るい色のカーテンです。

造作家具で癒しの光を上手につくる

テレビ台後ろの壁面を照らす

テレビボードの後ろの壁は、間接照明でやさしく照らすと
TVを見ていても目が疲れにくく、目にやさしい光でオススメです。
造作家具でも、グラデーションの光を手軽につくることができますよ。

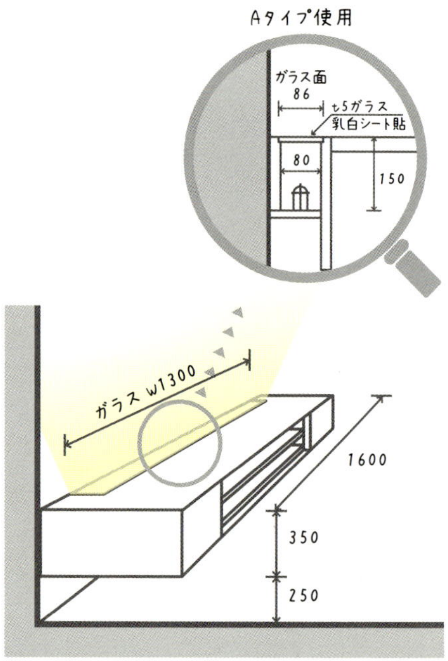

壁全面にTVボードを施工する際は、こんな収め方も…

器具が見えないように乳白アクリルでかくして施工します。
発光面の施工によって光の見え方もかわってきますよ。

Aタイプ使用

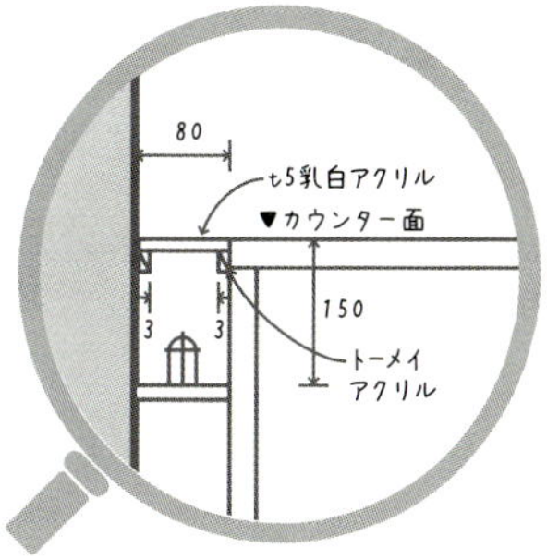

間口の広いTVボード全面に施工すると、発光面が少し気になってしまいます。

解決アイデア

発光面が気になりそうな時には、ガラス面を少し下げます。
また、面材の種類や受け材にもこだわりましょう。長時間の映画鑑賞時に自分の目に合った明るさをつくることができるので、調光もオススメです。

いっしょに
109ページ

Aタイプ使用

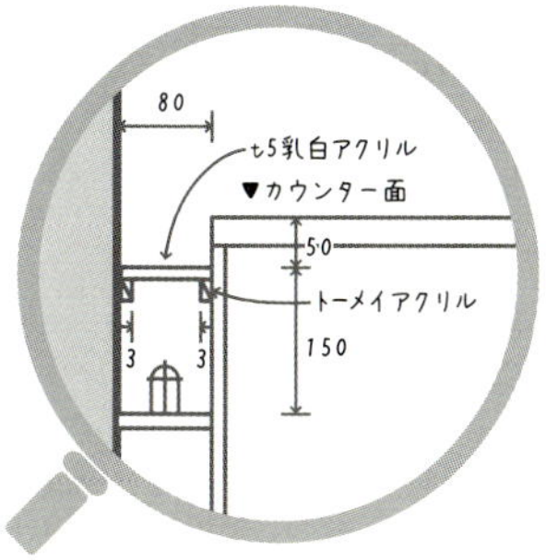

発光面を下げることで眩しさがなく、目にもやさしい間接照明の光が、壁面からやわらかい光として広がります。

造作家具で癒しの光を上手につくる

洗面ミラーの上下間接照明

洗面所のミラーを造作家具でつくってもらう場合は、
上下面に間接照明の光ってキレイですよね。
やわらかな光で顔の影もできにくく、落ち着いた印象になります。

照らす面に合わせて「幕板の高さ」調整する

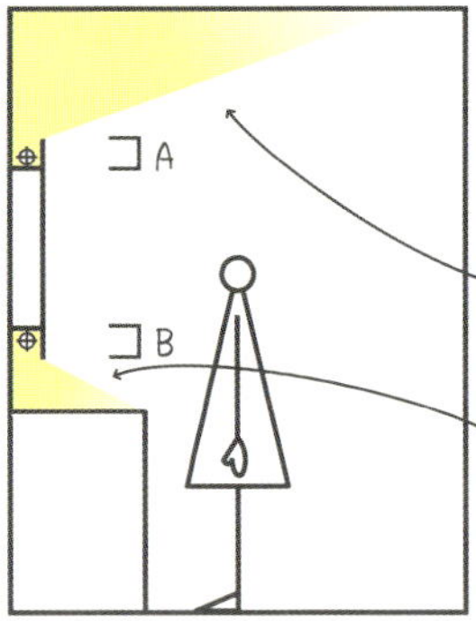

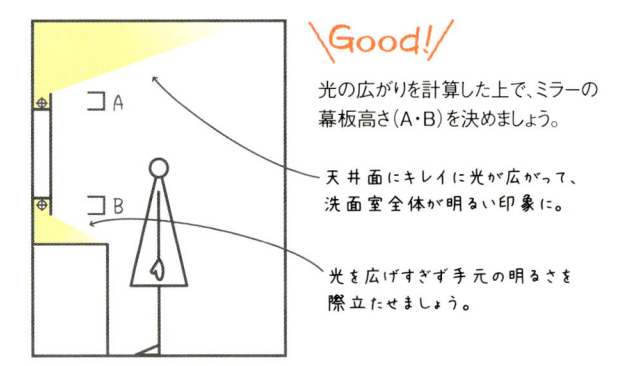

\Good!/

光の広がりを計算した上で、ミラーの
幕板高さ（A・B）を決めましょう。

天井面にキレイに光が広がって、
洗面室全体が明るい印象に。

光を広げすぎず手元の明るさを
際立たせましょう。

ミラー上下の「幕板の高さ」を同じにすると…

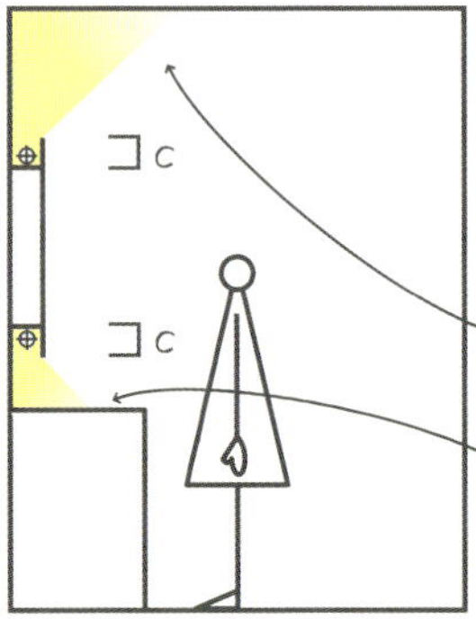

\Oh No!/

幕板高さ（C）を高めで施工してしまうことが多いため、カットオフラインができやすい。

天井面に対して
光の広がりが足りていない。

洗面カウンターはツヤのあるものが
多いので器具の映り込みにも注意。

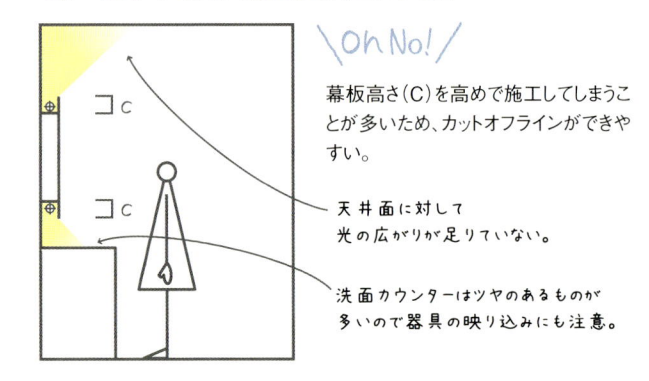

トイレにも癒しの光を

天井面より壁面を照らす演出と癒しの光

お客様も使用するトイレは少しこだわりたいですよね。
壁面を演出してセンスのあるトイレをつくりましょう。
家族にとってもホッとするプライベート空間になりますよ。

天井面の場合

小さな空間で天井面への間接照明はムツカシイ…。アゴが目立つし、光も広がりすぎてカットオフラインができてしまうことも。

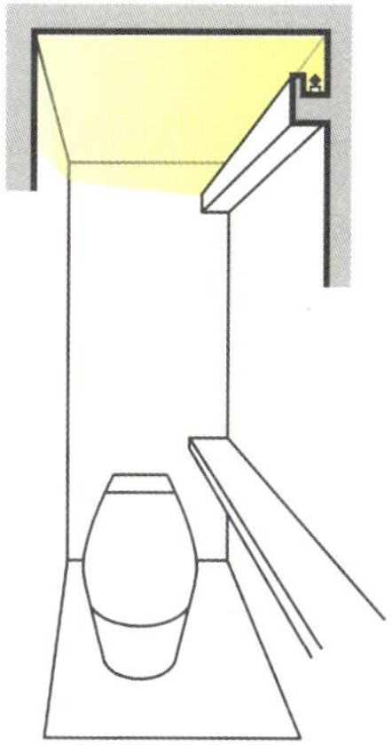

壁面の場合

トイレなら天井面を下げる壁面間接照明もオススメします。建築と一体化した天井面からのスリット光は、シンプルで美しい空間になります。

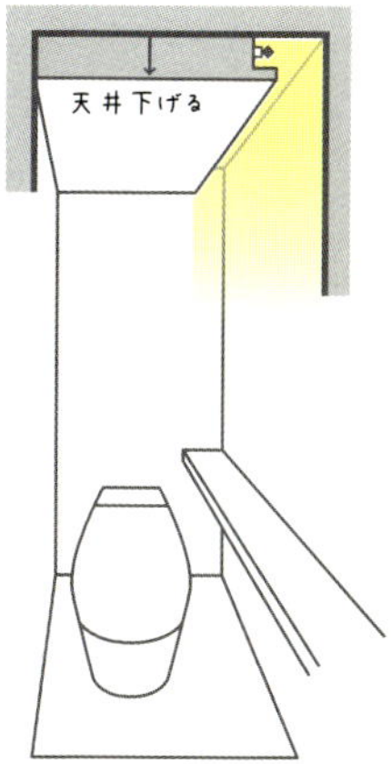

Iemoto's EYE

いっしょに 30ページ
いっしょに 111ページ

明るさをコントロールする

トイレは小空間なので想像以上に明るくなることも…。ランプ・器具長さ・照らす面の素材や色を考慮することで、癒しの空間がつくれます。

RC特有の梁をかっこよくリフォーム

「梁」を包むように「壁フカシ」壁面として見せる。

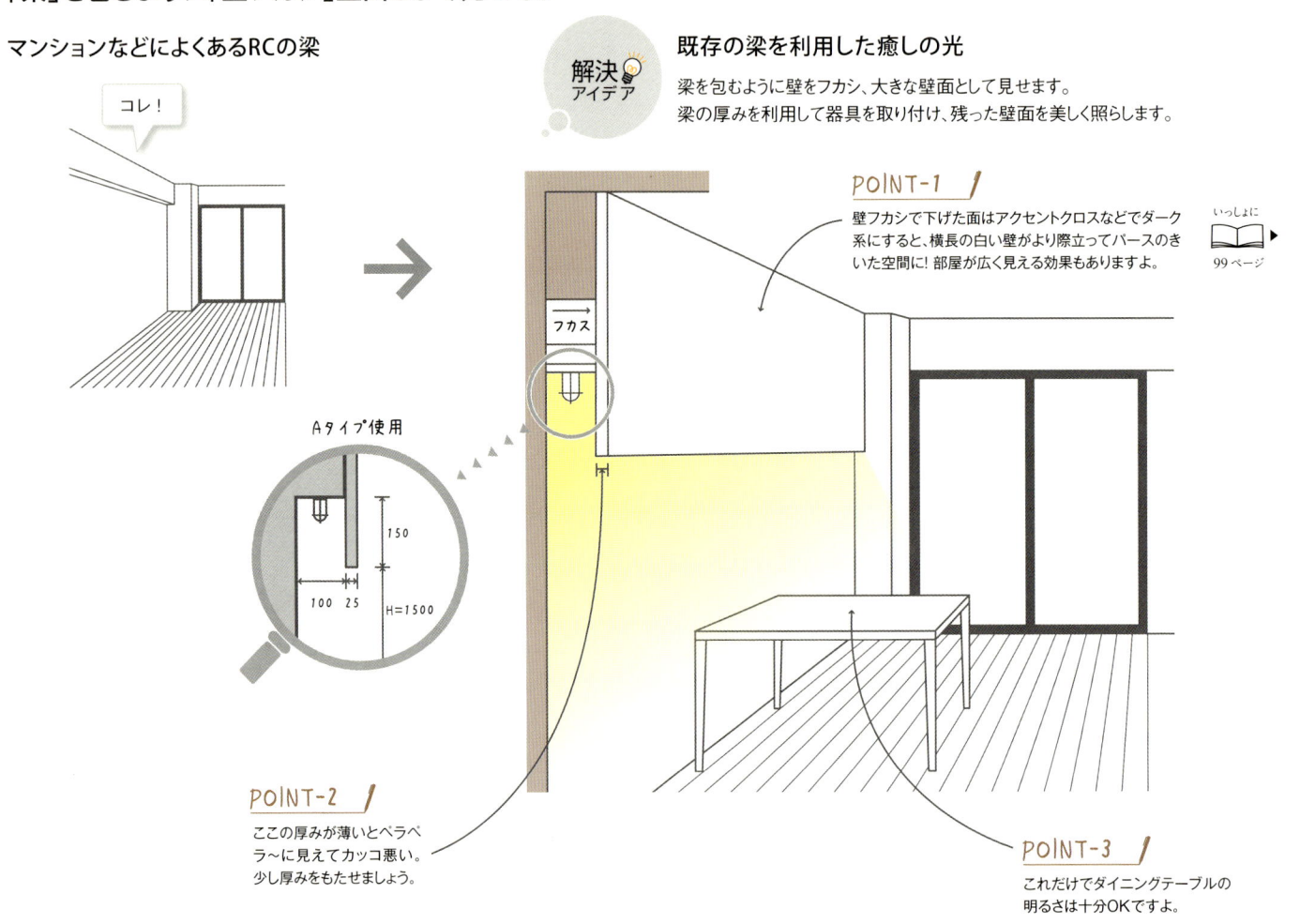

マンションなどによくあるRCの梁

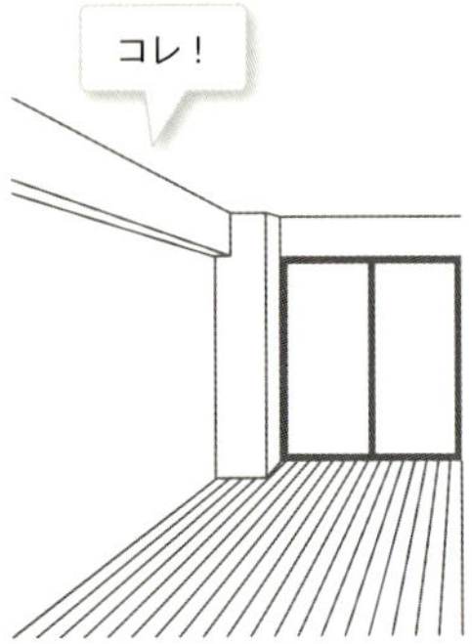

解決アイデア

既存の梁を利用した癒しの光

梁を包むように壁をフカシ、大きな壁面として見せます。
梁の厚みを利用して器具を取り付け、残った壁面を美しく照らします。

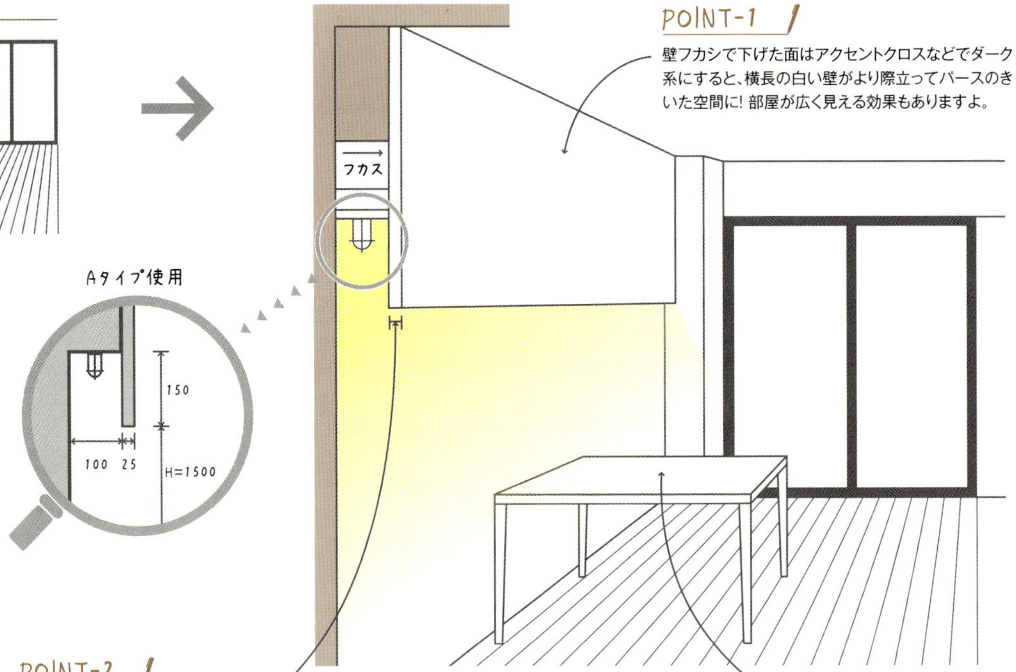

POINT-1

壁フカシで下げた面はアクセントクロスなどでダーク系にすると、横長の白い壁がより際立ってパースのきいた空間に！ 部屋が広く見える効果もありますよ。

いっしょに
99ページ

POINT-2

ここの厚みが薄いとペラペラ〜に見えてカッコ悪い。少し厚みをもたせましょう。

POINT-3

これだけでダイニングテーブルの明るさは十分OKですよ。

傾斜天井と間接照明のよい関係①

天井面への光は「室内側から？」「外壁側から？」

「室内側」の壁をフカス手法

室内側の天井は高いので、開口がしっかり取れ、光がキレイに広がりますが建具との取り合いに注意。壁フカシの厚みを活用して、TVを埋め込んだり、ニッチなどつくったりもOK。

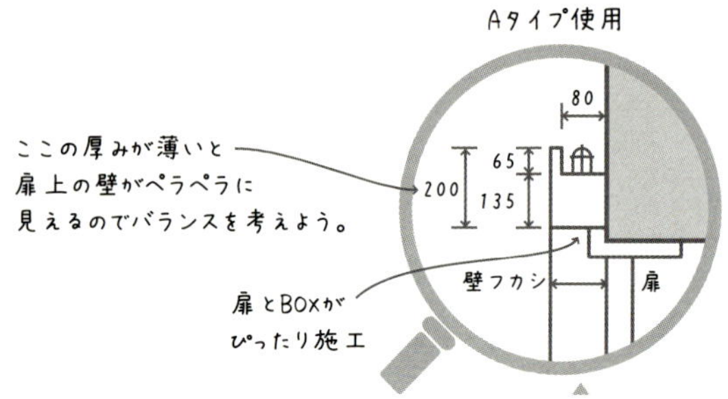

アゴだけ施工すると目立ってしまうので壁フカシの手法を使います。

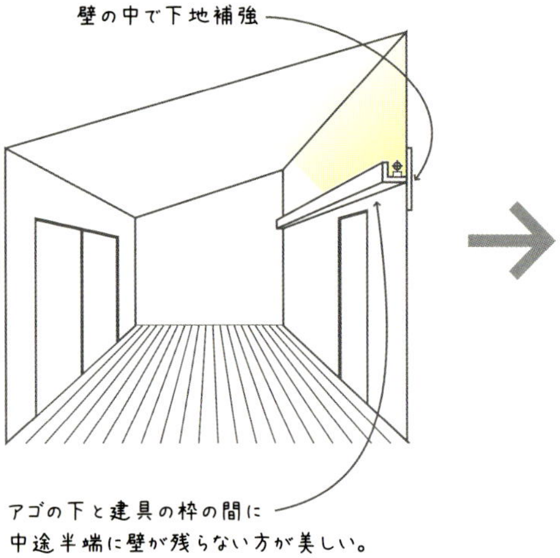

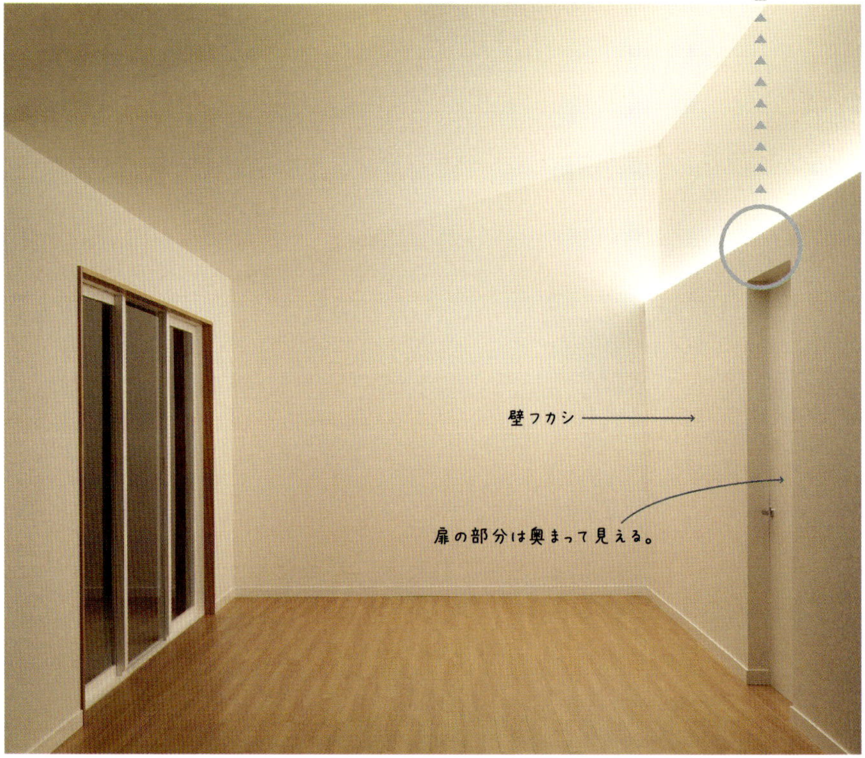

「外壁側」でカーテンBOXと一体化する手法

外壁側の天井は低いのでカーテンBOXと一体化がオススメです。
ただし窓がハイサッシの場合は施工が難しい。
※カーテンBOX一体化は造作家具となり、壁の中で下地補強が必要となります。

Aタイプ使用

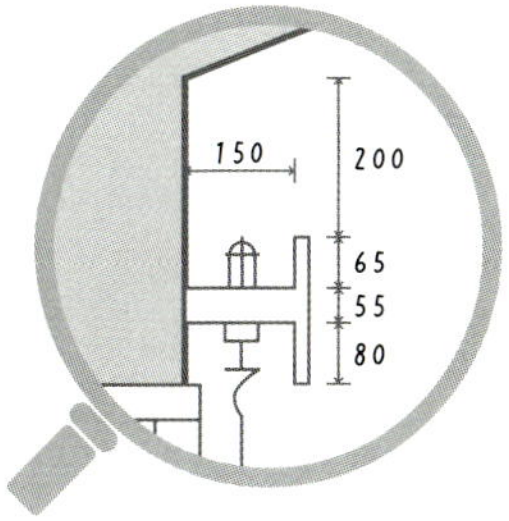

エアコンなど外壁側に取り付く設備を
光で照らさないように注意が必要。

いっしょに
◀ 60ページ

傾斜天井と間接照明のよい関係②

キレイな壁面を美しくみせる

天井から下向きに照らす

壁面上部から照らすので大きな面を美しく見せ、傾斜ラインを際立たせます。

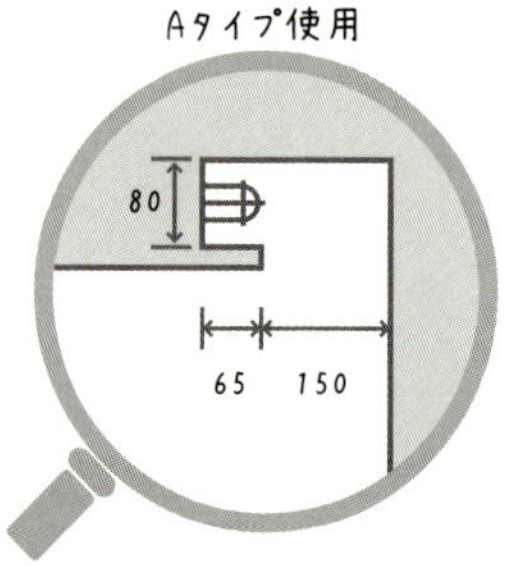

下から上を照らす

造作家具や腰壁を利用した低い位置からの光も傾斜との相性がよく、美しい光をつくることができます。

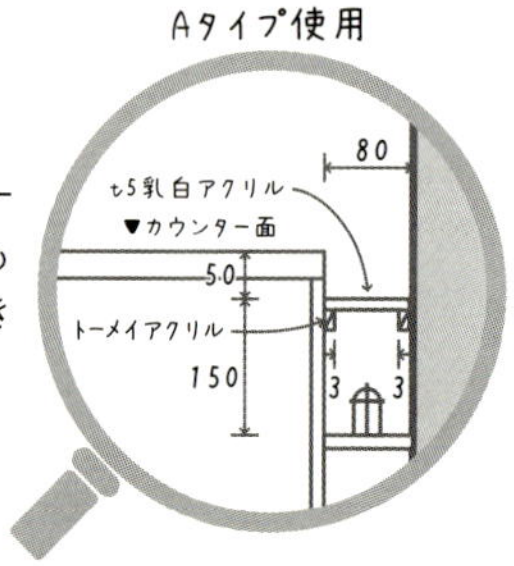

壁面上部をフカシて下を照らす

美しい長方形の壁を残し、面として照らします。上部の壁面フカシなので部屋（床）も狭くならず、器具取り付け位置も低いのでメンテナンスしやすくなります。

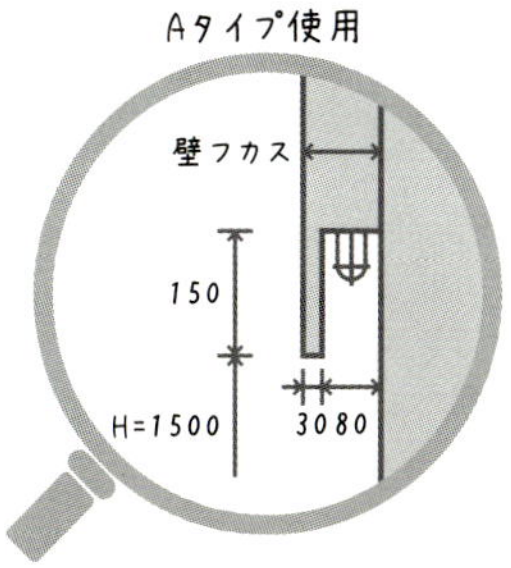

\Oh No!/

壁をフカシて上を照らす

傾斜天井ではさまざまな手法が可能だということを紹介しましたが、この手法はNGです。器具から天井面までの距離が違うため、光がムラになり、キレイなグラデーションになりません。

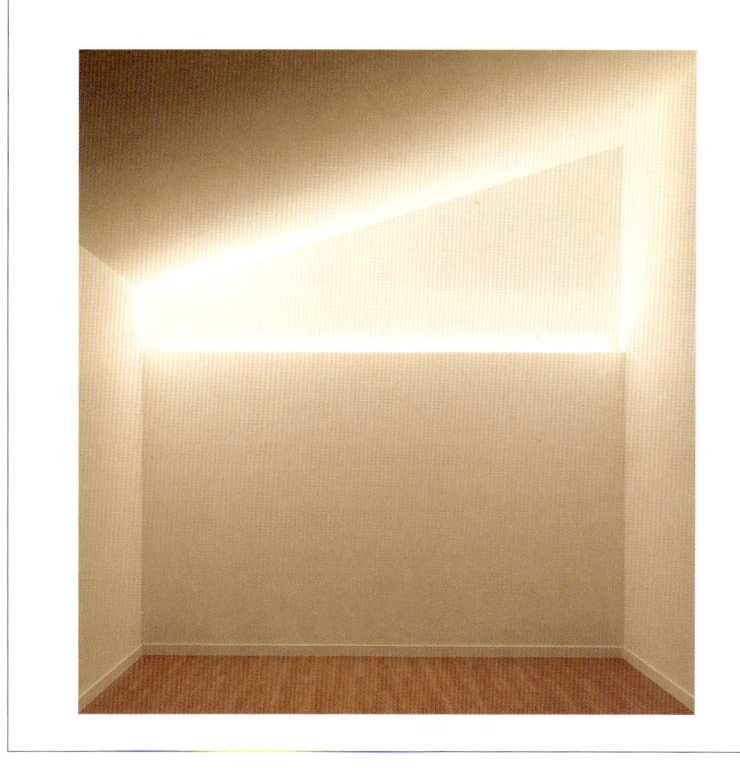

小さい吹き抜けで「昼」も「夜」も光を取り入れる

トップライトを活かした照明手法

昼の光を空間に取り入れるため、間口の狭いトップライトがつくられることがあります。
この部分をうまく利用して、癒しの光をつくってみます。

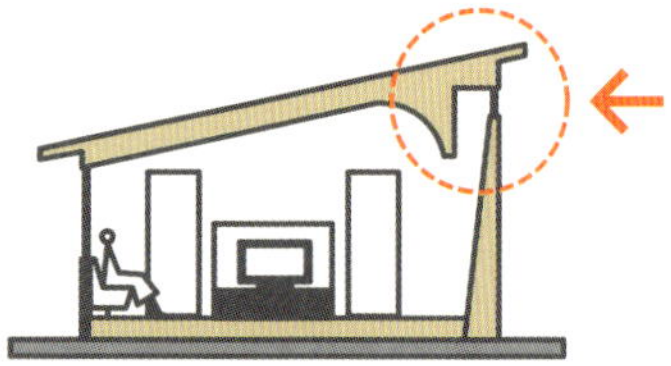

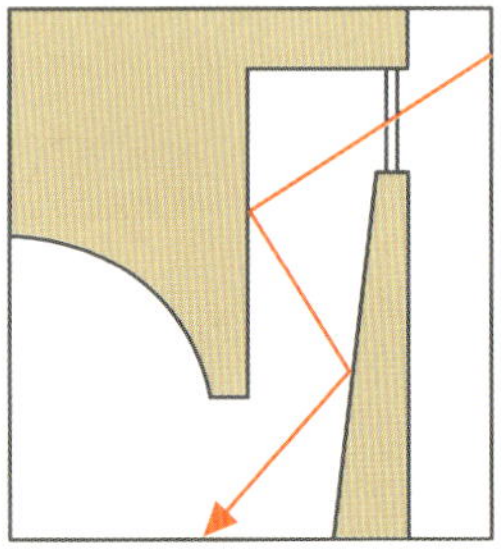

昼は窓からの光が室内に差しこんできます。

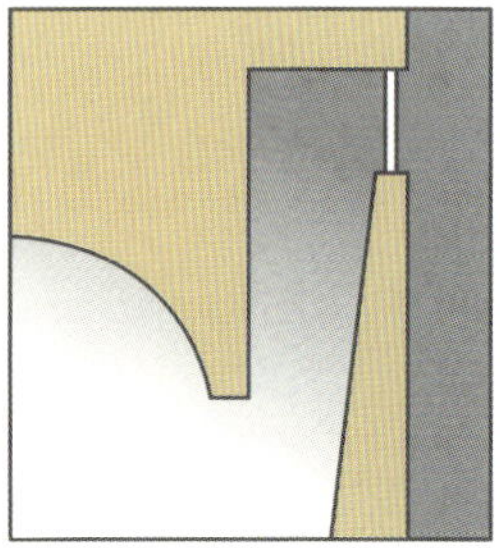

夜は照明がないと吹き抜けは暗がりになります。

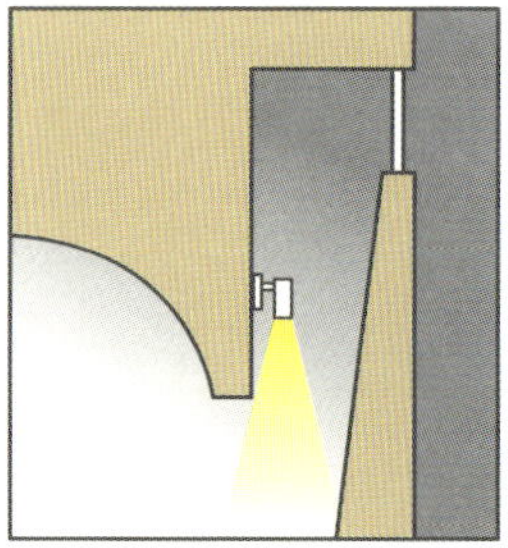

器具を設置すると明るいけれど、昼間は外光のじゃまになります。

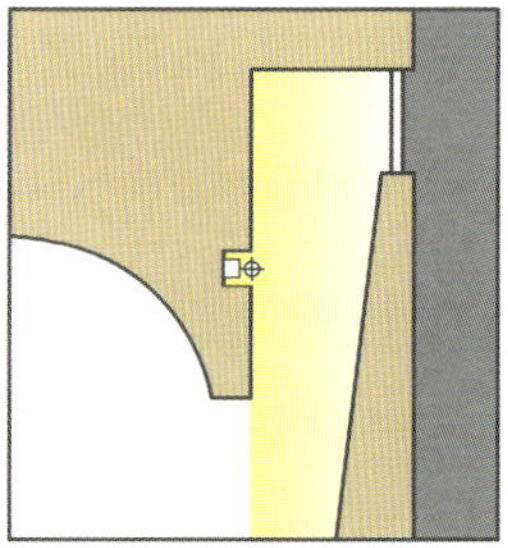

器具を壁面に埋め込めば、器具が目立たず昼の光も夜の光もキレイです。

POINT-1

器具を壁面に埋め込んで、吹き抜けからまっすぐ下に広がる光をつくりました。

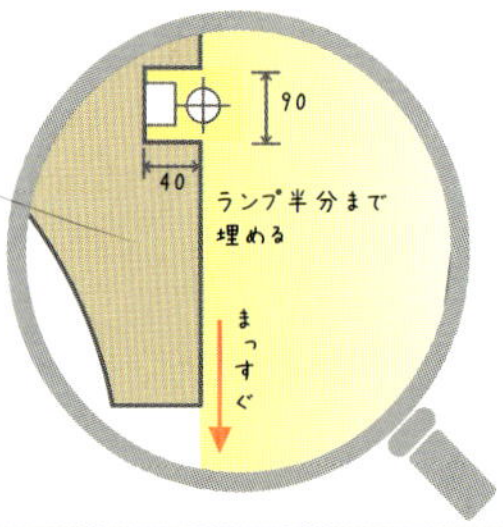

POINT-2

壁をナナメにすることで天井への空間が広がり、光が壁で反射してやわらかく室内に広がっています。設計さんのこだわりで成功したプランです。

建築と一体化していますか?

BOX施工する前に、建具のことも考えて!

BOX取り付け

NG

出幅100mm

造作の箱を後付けしたように見えてしまいます。取り付ける壁側に補強が必要です。

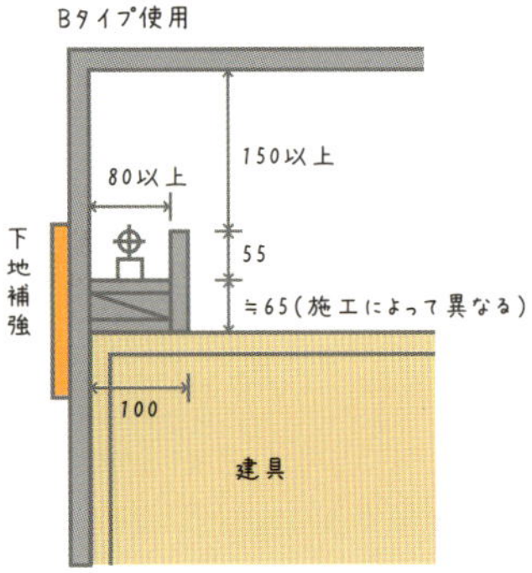

天井を下げる

NG

出幅400mm

天井をある程度出してくると、天井面として少し同化したように見えます。しかしこの状態だと正面の建具との取り合いが悪くて残念!

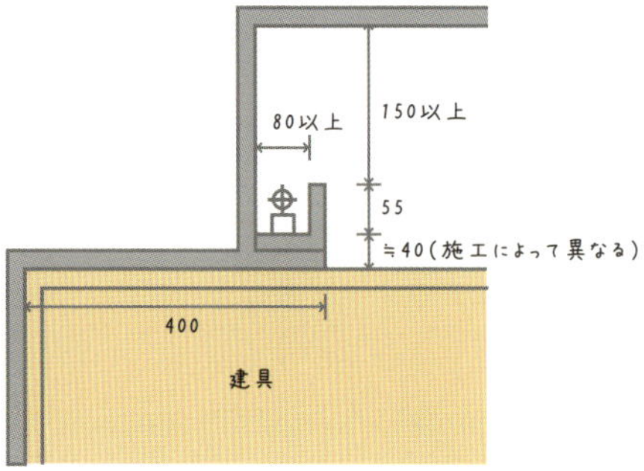

天井を下げる

Best

出幅800mm(建具幅に合わせる)

天井面として一体化して見えます。出幅を建具と合わせることで空間の中の線や面の基準が整理されていて、美しい空間です。

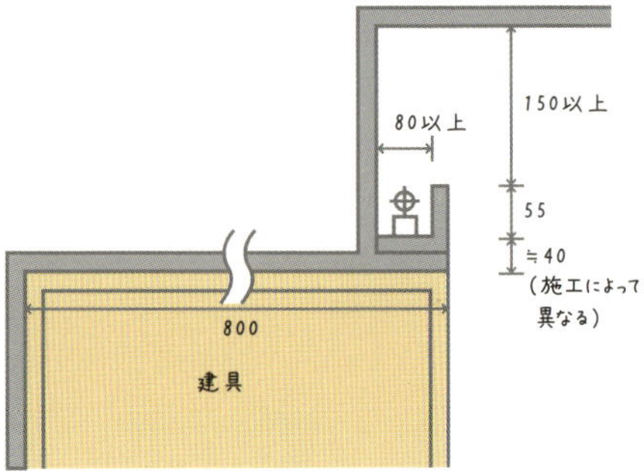

素材はそのままでOKですか?

天井面を下げたり、壁をフカシたりするとき、上手に素材を切り替えるとセンスアップできますよ。

同じ素材のまま施工

壁をフカシた時、壁面全部を同じ素材にしがちですが・・・

素材を切り替えて

Better

光で照らす壁は天井の色に合わせました。素材の切り替えで、引き締まった印象になりました。

Aタイプ使用

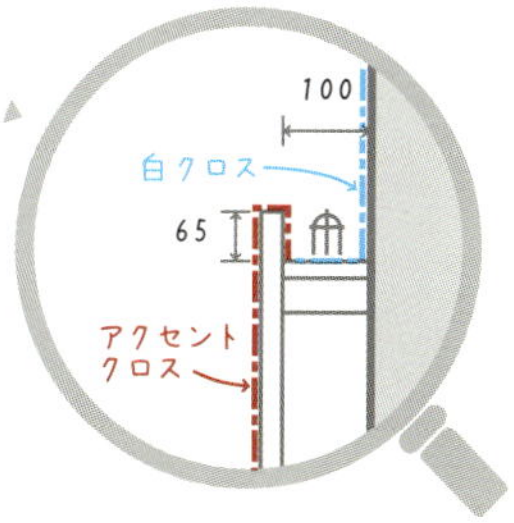

玄関天井の一部を下げて、天井面への間接照明を施工しました。

Aタイプ使用

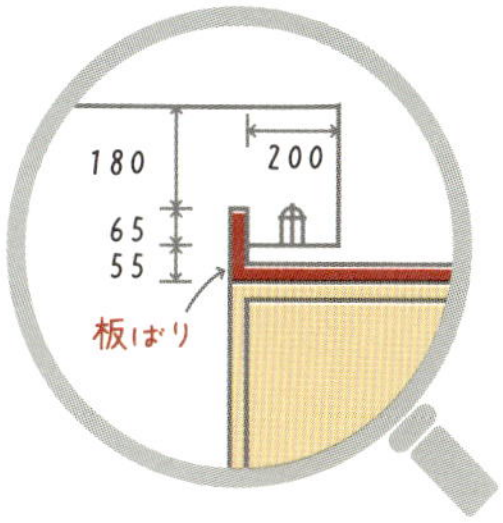

天井の一部を下げた面とその側面の素材を切り替えてみましょう。廻り縁や幅木も同じ色合いに。正面の窓の額縁のように見え、上品な仕上がりになりました。

設備・カーテン×建築化照明

建築化照明を考えるうえで設備との取り合いはとても重要です。

エアコンはもっとも手強い相手です。

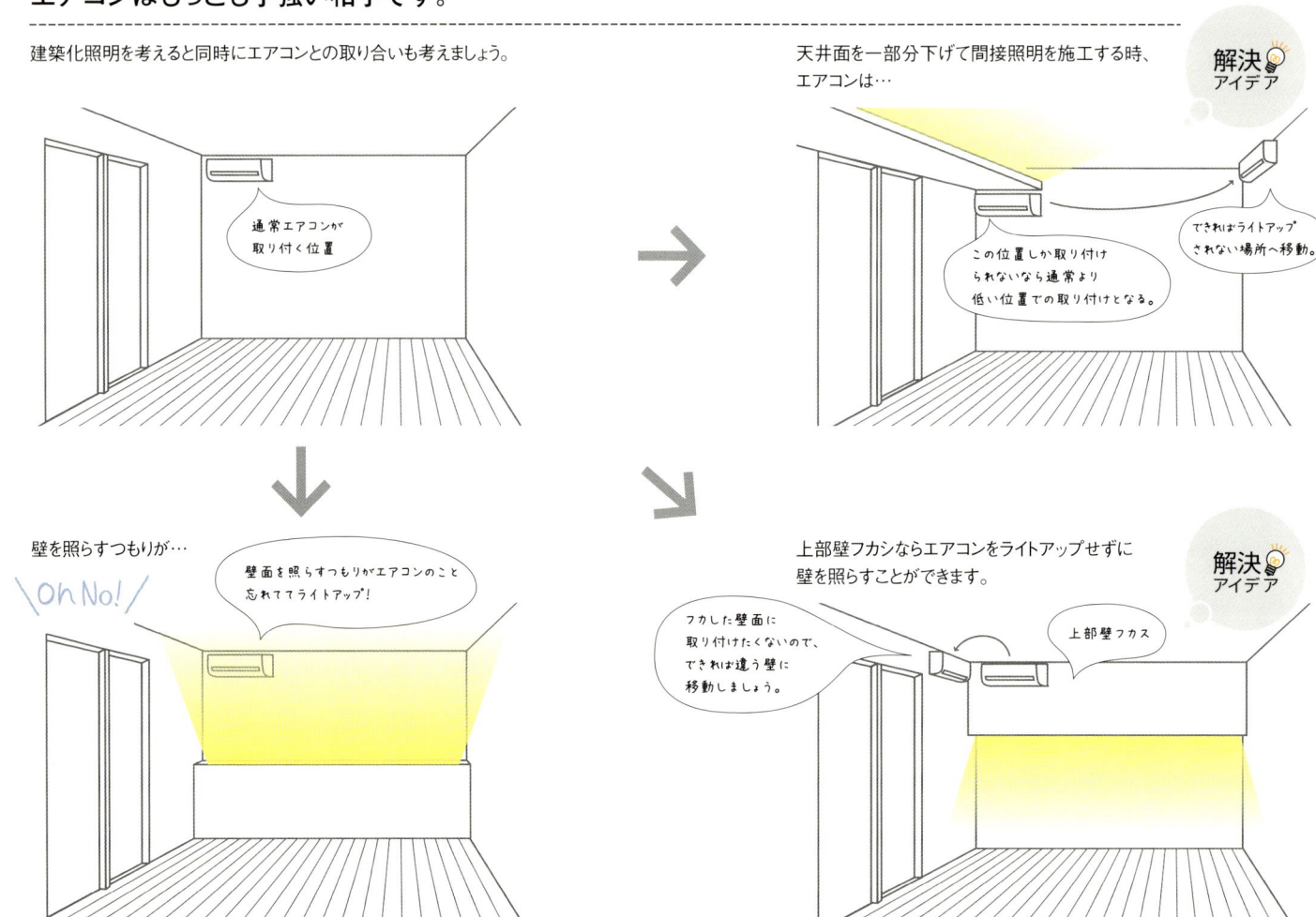

建築化照明を考えると同時にエアコンとの取り合いも考えましょう。

天井面を一部分下げて間接照明を施工する時、
エアコンは…

解決アイデア

壁を照らすつもりが…

上部壁フカシならエアコンをライトアップせずに
壁を照らすことができます。

解決アイデア

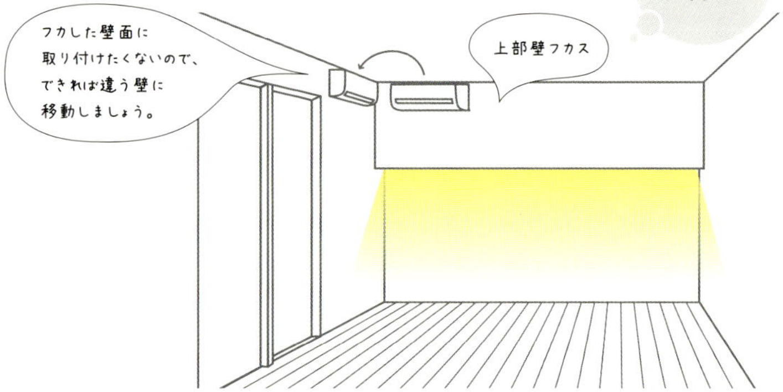

カーテンも忘れずに。

建具の高さに合わせて天井を下げる場合、カーテン取り付けのことを忘れてるとアレレ…
間接のBOXにあたって取り付けできない…

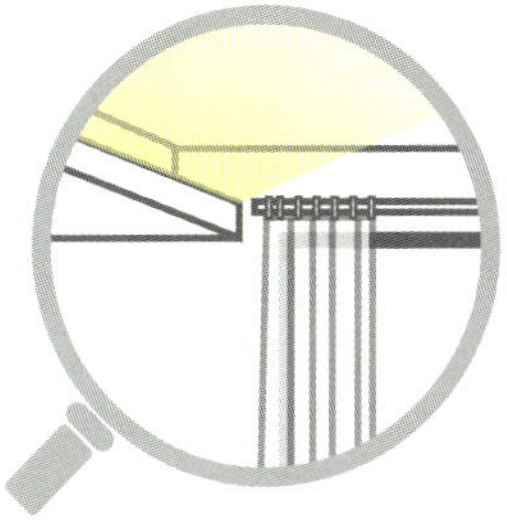

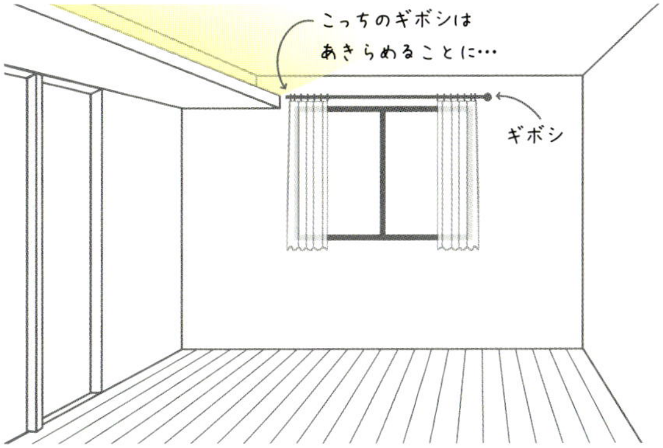

こっちのギボシは
あきらめることに…
ギボシ

カーテンだまりとして、
100~200mmほどの
壁が必要ですよ。

解決アイデア

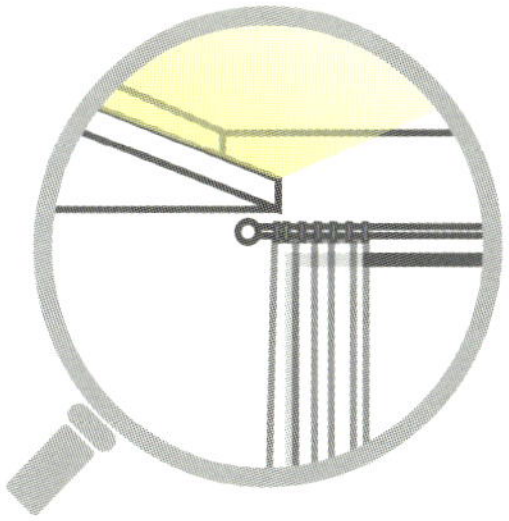

カーテンレールのことも考えて
マドの高さ、天井の下げる幅
や高さを検討して提案しよう。

解決アイデア

壁厚内で、ロールスクリーンや
ブラインドを収めてしまうと、
取り合いの失敗がありません。

煙感知器も要注意。

煙感知器をライトアップしている例。
せっかく美しいグラデーションの天井面も台無し…。

解決アイデア

美しい照明計画のためには、まず煙感知器を壁付タイプにすること。部屋の中で一番目線に入らない壁に取り付けましょう。

Rescue 10

建築事情をカバーするテクニック

キッチンの換気ダクトをスマートに抜く

レンジフードの換気ダクトが天井の中で抜けない時、どうしてる?

一般的な換気ダクトの抜き方。

①レンジフードを、外壁側の壁に設置し直接壁から換気します。

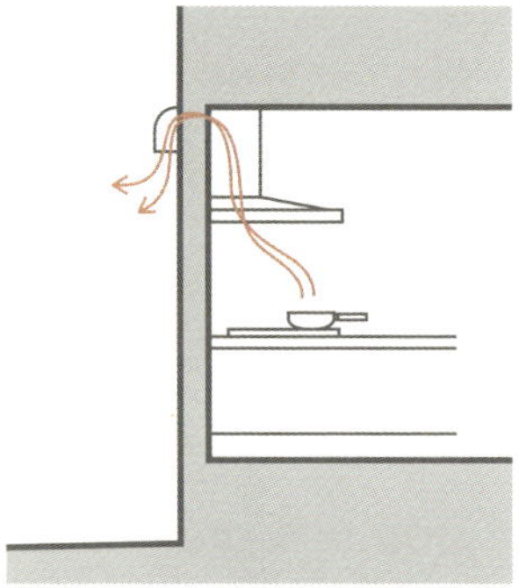

②天井から下がってくるレンジフードの場合、天井の中からダクトを通して外に換気します。

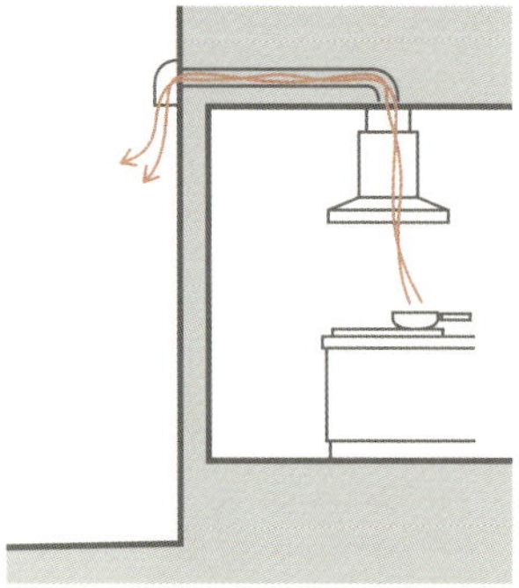

換気ダクトが天井の中で抜けない場合。

③住宅の工法によって天井の中からダクトが抜けない場合があります。

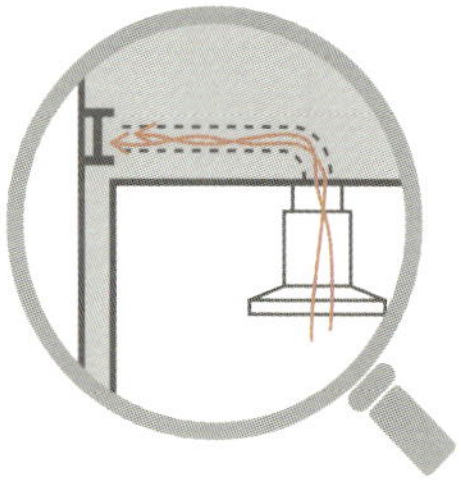

④その場合、天井の一部分を強制的に下げなくてはいけません。

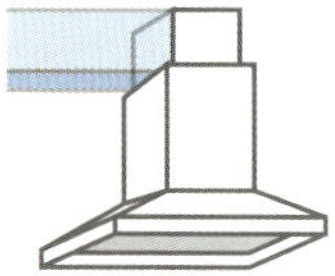

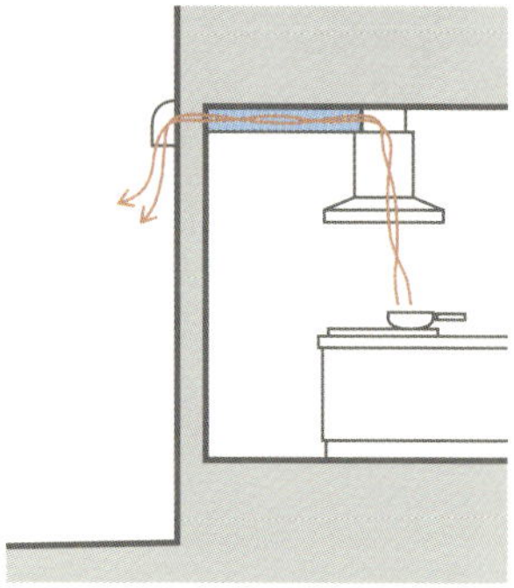

一列全部の天井を下げる。

部分的に下げるくらいなら、一列全部を下げませんか?キッチンとダイニングの間に見切りができて、天井面のバラツキがわかりにくくなるので、キッチンとダイニングのダウンライトの位置を合わせなくても大丈夫。

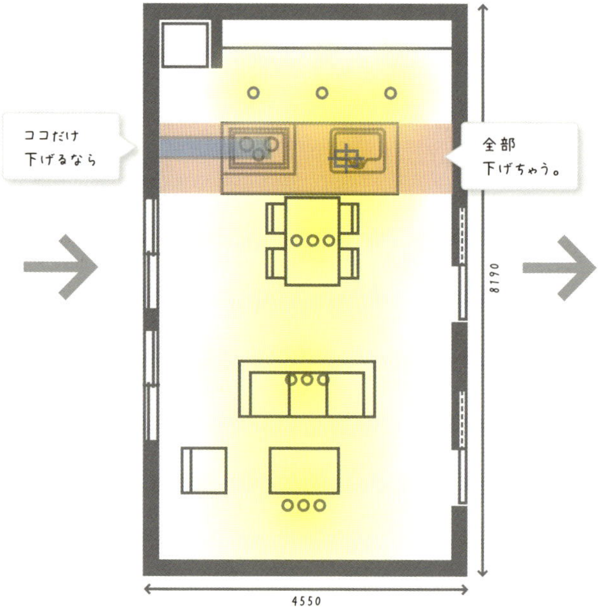

ココだけ
下げるなら
全部
下げちゃう。
8190
4550

天井を下げるなら、
建築化照明しちゃいましょう。

解決アイデア

キッチンの天井を下げるなら、建築化照明をつくりましょう。リビング・ダイニング側にやさしい光が広がって、空間がキレイに整理できます。

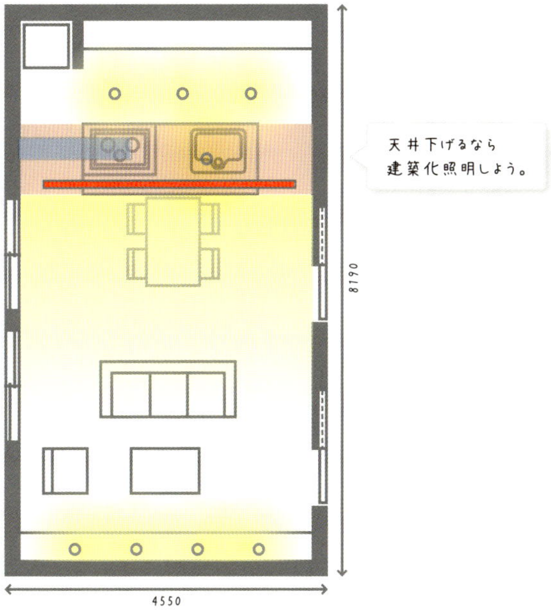
天井下げるなら
建築化照明しよう。
8190
4550

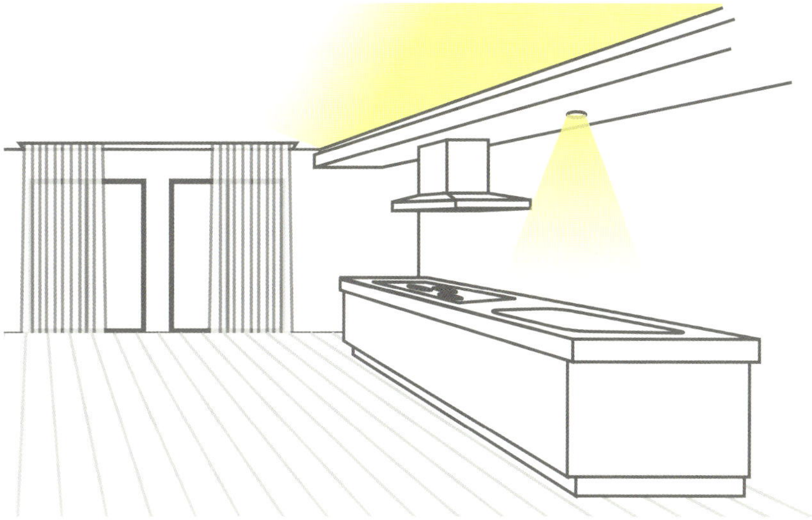

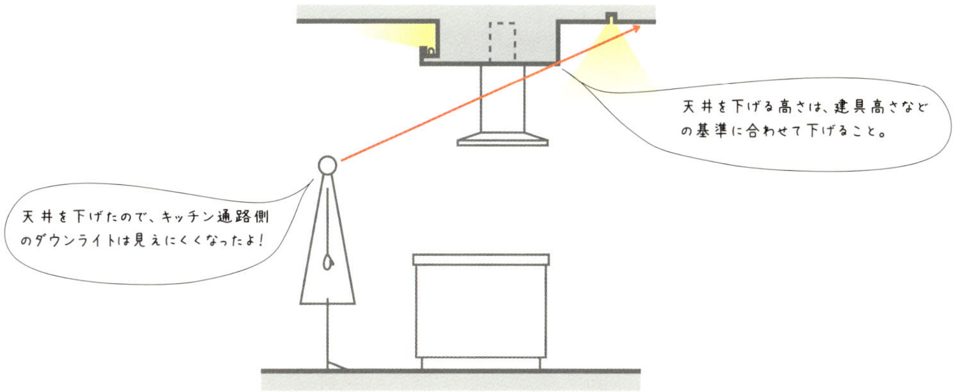
天井を下げる高さは、建具高さなどの基準に合わせて下げること。
天井を下げたので、キッチン通路側のダウンライトは見えにくくなったよ!

幕板の立ち上がり「面」の存在をなくす

「面」を「線」にして美しく収める「矢じりBOX」「トンガリBOX」

美しいグラデーションをつくるために必須の幕板。ちょっとした工夫でこんなにセンスよく仕上がるマル秘テクニックをお教えしちゃいます。

基本のBOX

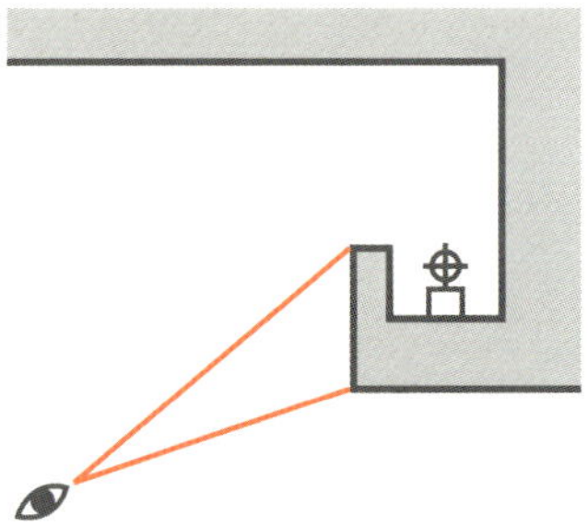

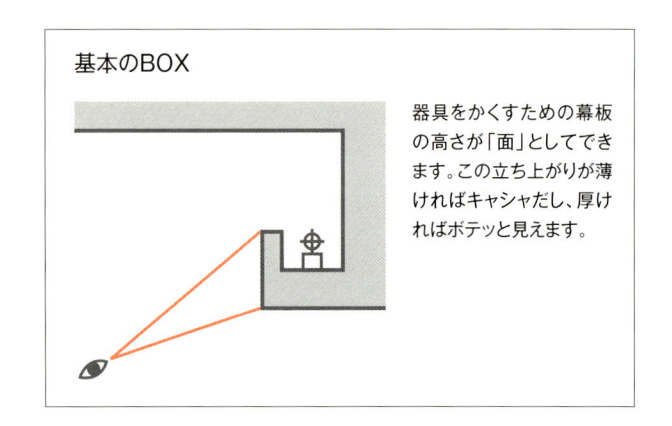

器具をかくすための幕板の高さが「面」としてできます。この立ち上がりが薄ければキャシャだし、厚ければボテッと見えます。

①平天井＋「矢じりBOX」

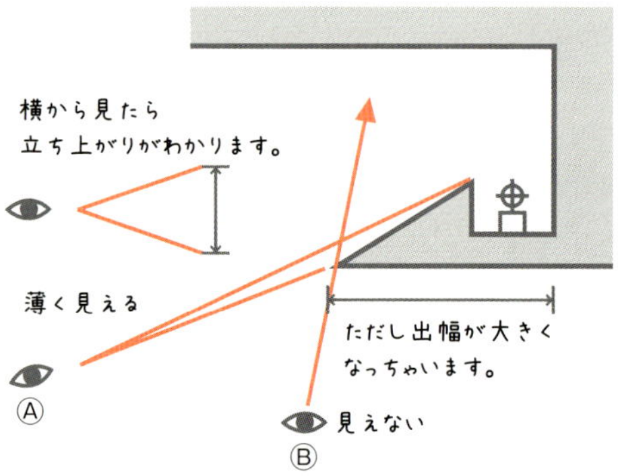

Ⓐ幕板に角度をつければ、立ち上がり「面」が薄く見えます。

Ⓑ見る角度によって立ち上がり「面」の存在がわからなくなります。

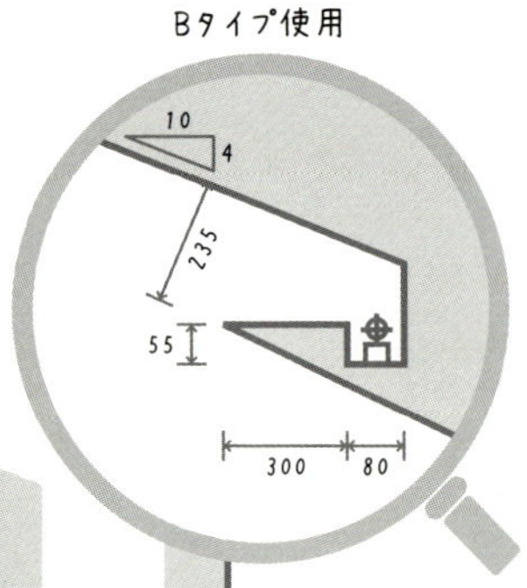

②傾斜＋「矢じりBOX」

傾斜天井との組み合わせなら、立ち上がり「面」の存在が、より認識しにくくなります。

③傾斜＋「トンガリBOX」

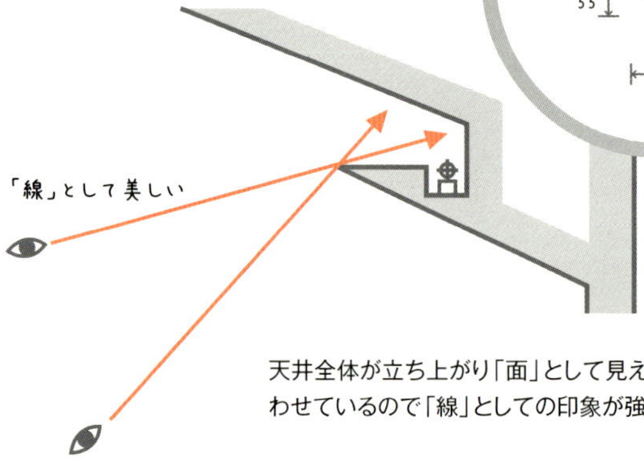

天井全体が立ち上がり「面」として見えてくるが、傾斜に沿わせているので「線」としての印象が強くなります。

Rescue 12

実験してみよう！

天井を照らす光は、どこまで広がる？

■床面照度分布図（CH=2400） 単位：Lx

間接照明の光は、暗いイメージを持たれていることが多いですが、そんなことはありません。でも部屋が大きくなると、光が届かなくなるのも事実です。照度が不足するところにはダウンライトを入れるなど、プラン時に注意するようにしましょう。

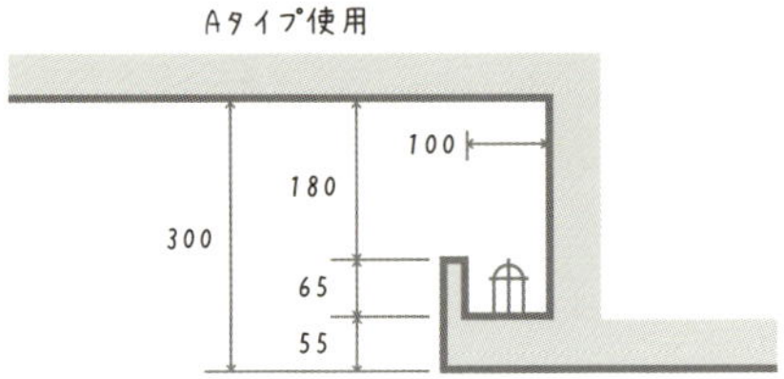

対面する壁まで 3600mm

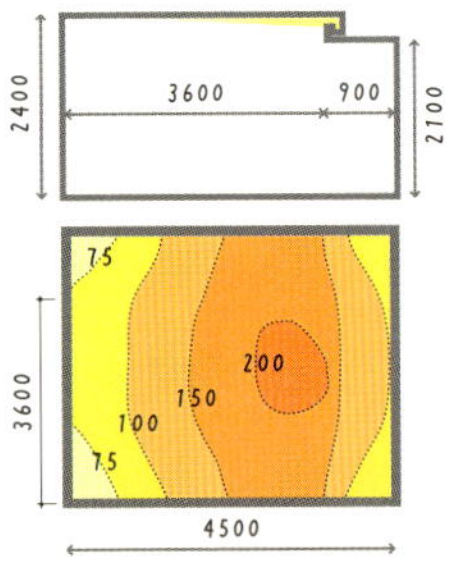

空間全体にやわらかく光が広がっています。

対面する壁まで 4500mm

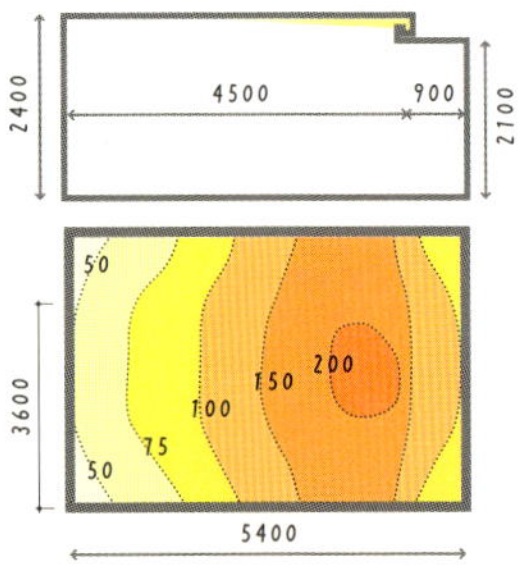

光が奥の壁まで広がりきらず、少し暗さを感じます。

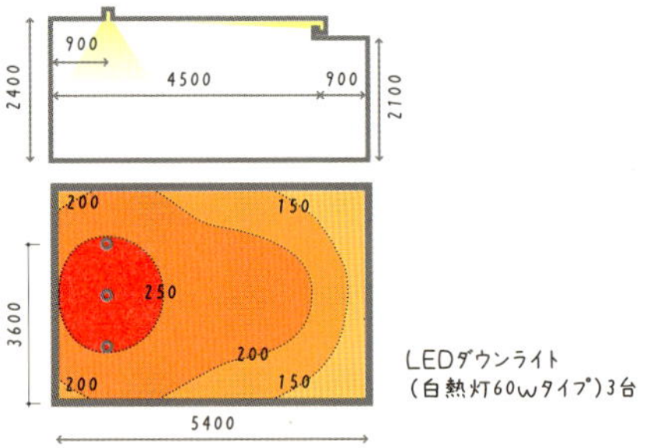

光が届かない場所へダウンライトを追加してあげると、安定した明るさの空間になります。

Rescue 13

実験してみよう!

建築化照明だけで、収納の中は見える?

■床面照度分布図(CH=2400) 単位:Lx

クローゼットの中、食器棚の中、
建築化照明だけで収納の中ってちゃんと見えるの?
3つのタイプで検証してみました。

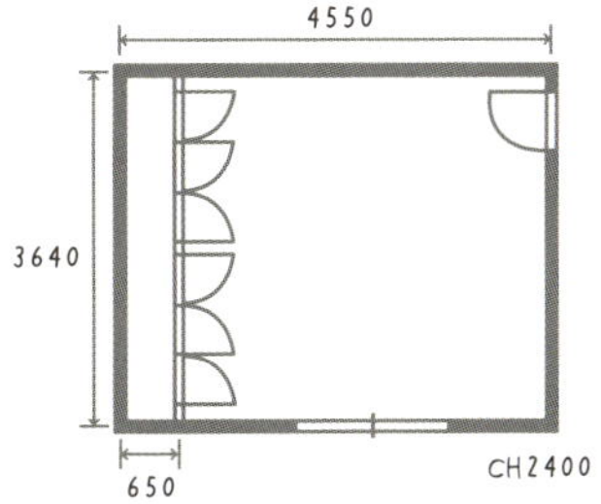

ダウンライト

LED11w(白熱80wタイプ)×4灯

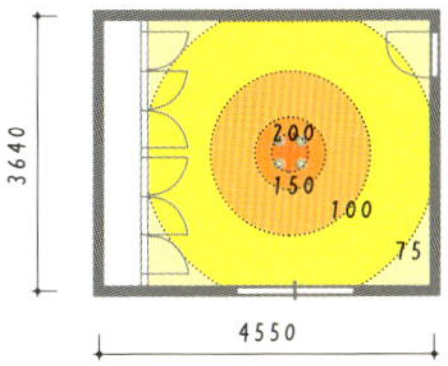

収納上にのせる(幕板施工)

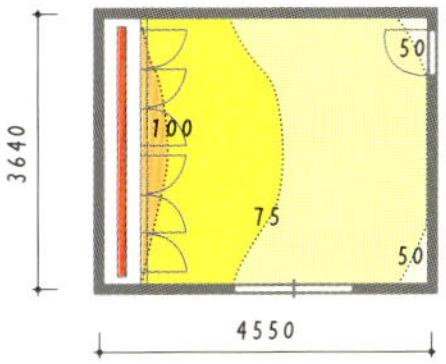

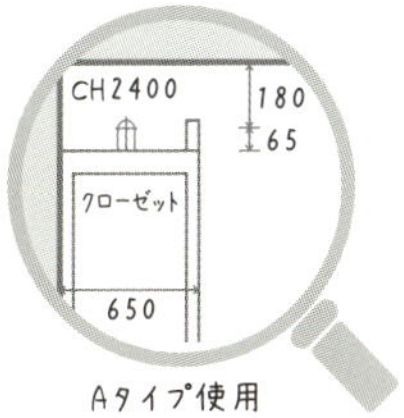

Aタイプ使用

天井下げ 幅900

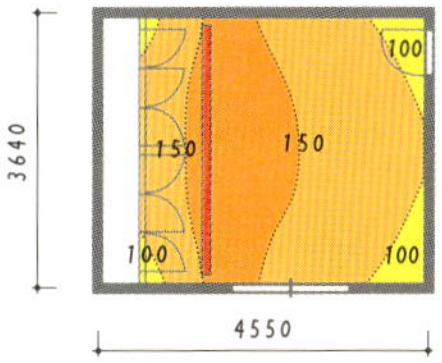

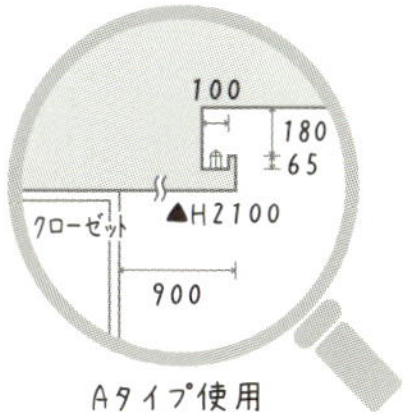

Aタイプ使用

収納上部や棚の下には影ができて、光にムラがあります。

収納内は、まんべんなくほんのり明るい。中のモノが十分見えています。

収納内は、まんべんなく明るい。収納前にダウンライトがなくても十分見えています。

Rescue 14

実験してみよう!

自立壁の器具の収め方や壁の高さによる光の違い

自立壁の中に器具を仕込んで天井を照らす時、器具の収め方はどうしましょう?
光の広がりは収め方と壁の高さによって大きくかわるので、
その違いを実験してみました。

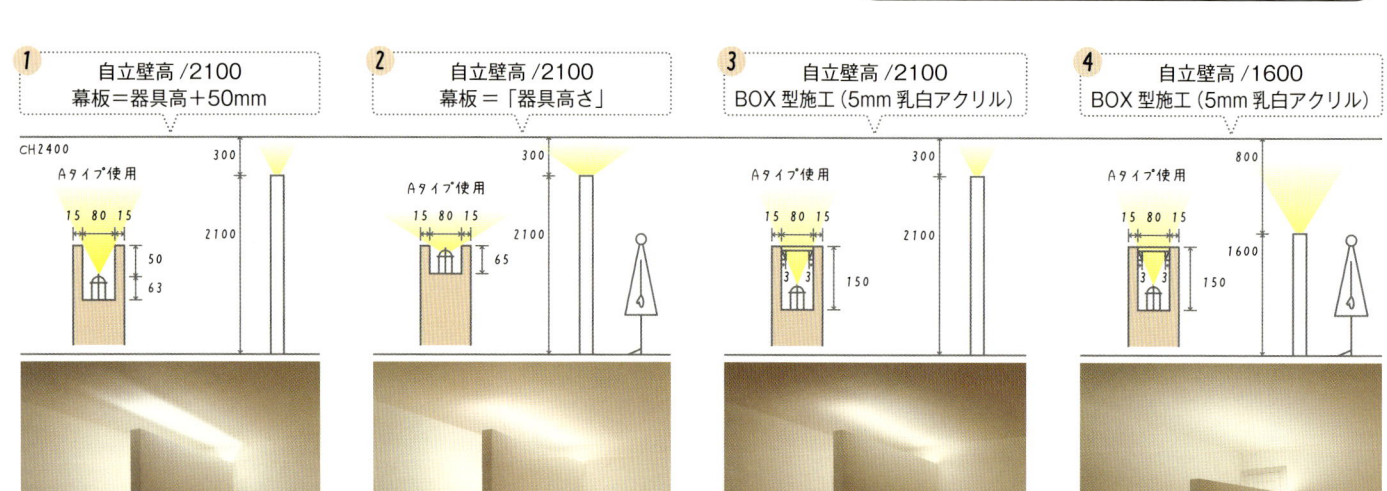

こんな提案絶対ダメ!

「間接やってみたいから腰壁あげよ〜!」
壁をつくることで昼間外光が入ってこない
…こんな提案をしてはダメですよ〜。

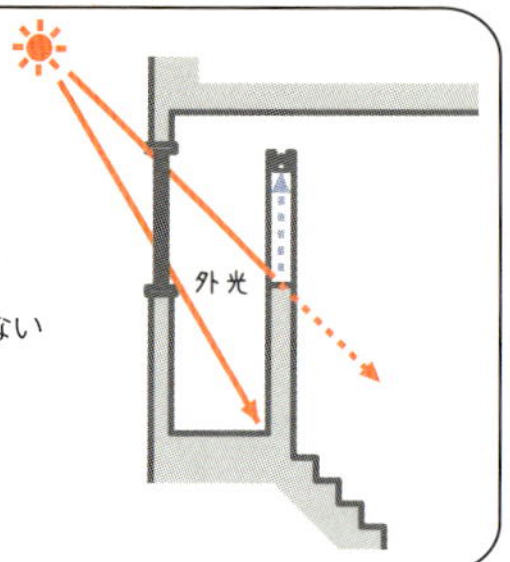

1 自立壁高 /2100
幕板=器具高+50mm

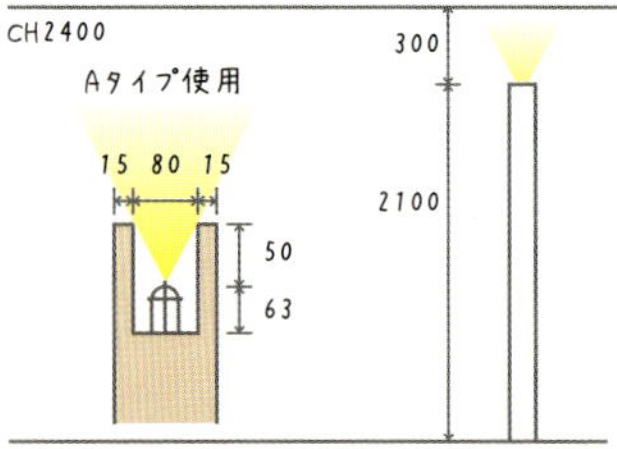

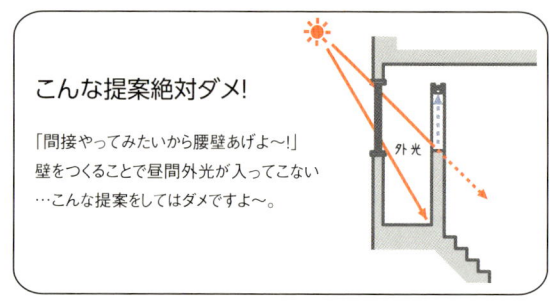

幕板を高くしてしまうと、光の広がりが悪く空間の明るさを取りにくくなります。

2 自立壁高 /2100
幕板=「器具高さ」

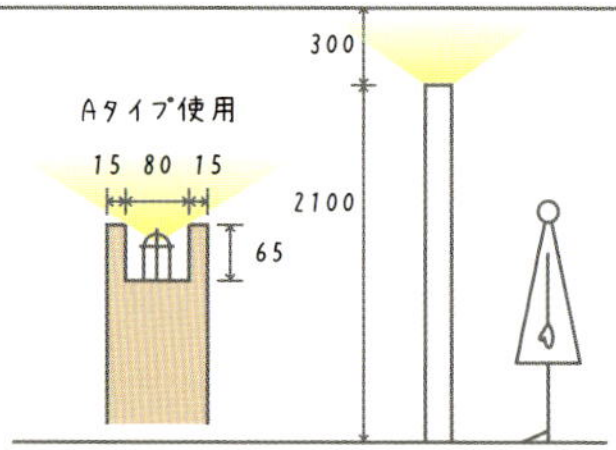

幕板を器具高さにすると光も広がり、明るさもしっかり取ることができます。

3 自立壁高 /2100
BOX型施工(5mm乳白アクリル)

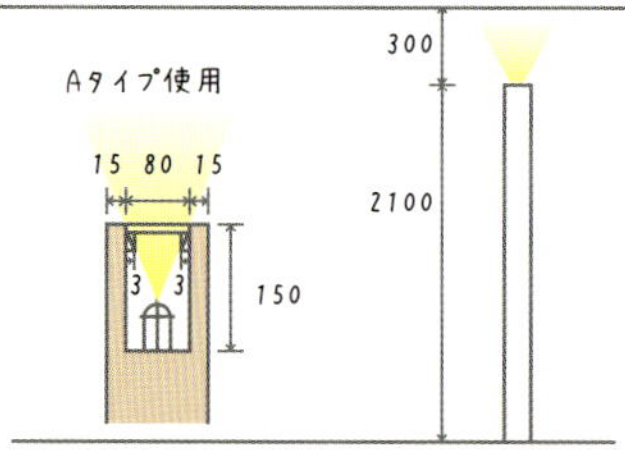

乳白アクリルを施工する場合、BOX内に熱がこもるため、スペースを増やす必要があります。器具位置が低くなるため、光の広がりが悪く空間の明るさも取りにくくなります。

4 自立壁高 /1600
BOX型施工(5mm乳白アクリル)

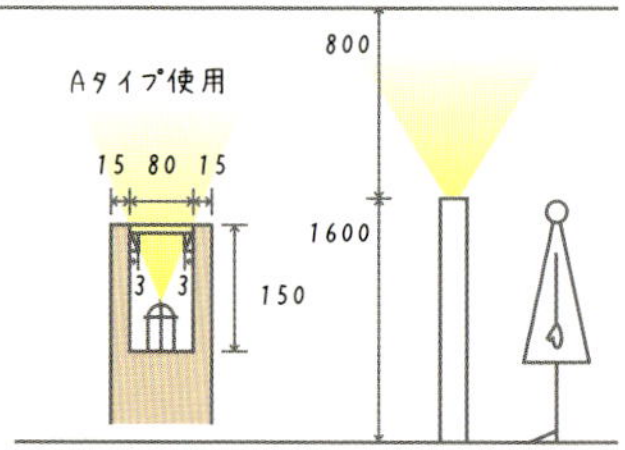

乳白アクリルを施工していても自立壁の高さを低くするとやわらかい光が広がります。
※この場合、扉との高さの基準がズレるので注意が必要です。

Rescue 15

実験してみよう!

素材によって、光はどうかわる？

低い位置の自立壁やテレビボードの中に器具を仕込む場合は、
器具がまる見えにならないように、光だけを透過する面材でかくします。
その際に使用する面材と受材の材質によって
光の広がりがどうかわるか、見てみましょう。

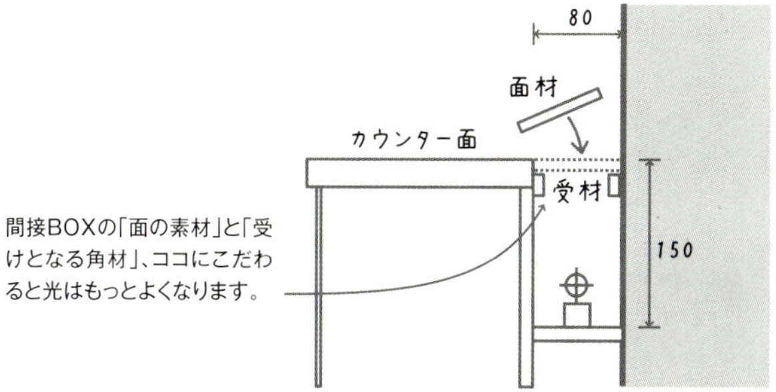

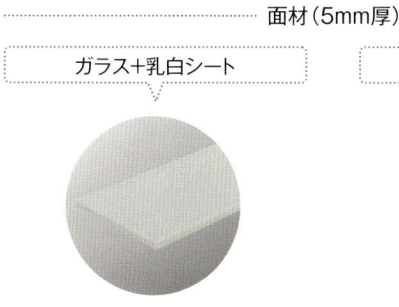

面材（5mm厚）

ガラス+乳白シート

通常のガラスは少し緑がかっているので、透過した光は少し青白っぽく見えます。透明に近いガラスは、光もキレイですが高価です。

乳白アクリル

LEDは熱がこもりにくいのでアクリルもオススメ。ガラスより安く、光の色もよい。面の見た目はガラスの方がキレイです。

受材（8mm×20mm）

角材（白塗装）

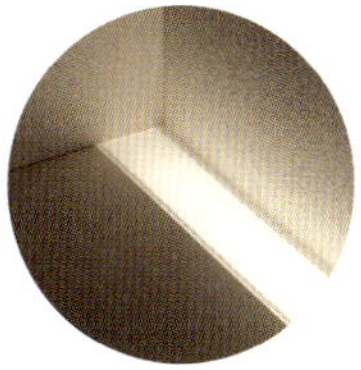

発光面にラインで影ができます。角材を大きくつくると光の出てくる間口が狭くなり、光が広がりません。

トーメイアクリル板

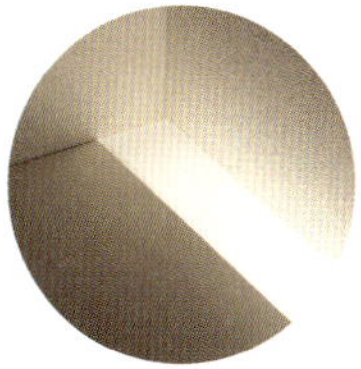

発光面に影ができないので上から見てもキレイ。トーメイアクリルの板厚は3mm～5mmがオススメです。

Rescue 16

実験してみよう!

照らす面の素材による見え方の違い

[床編]

フローリング　ツヤあり

明るさ……×
光の伸び……×
映り込み……×
美しさ……×

フローリング　ツヤなし

明るさ……△
光の伸び……△
映り込み……○
美しさ……○

磁器タイル　ツヤあり(黒)

明るさ……×
光の伸び……×
映り込み……×
美しさ……×

磁器タイル　ツヤなし(黒)

明るさ……×
光の伸び……×
映り込み……△
美しさ……△

磁器タイル　ツヤあり(白)

明るさ……×
光の伸び……×
映り込み……×
美しさ……×

磁器タイル　ツヤなし(白)

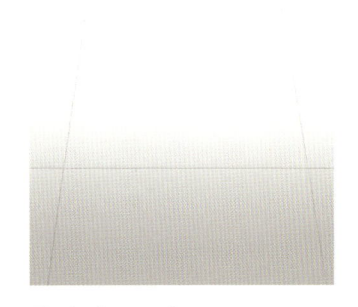

明るさ……○
光の伸び……○
映り込み……○
美しさ……○

ロールカーペット

明るさ……○
光の伸び……○
映り込み……○
美しさ……○

玉砂利　マットタイプ(20mm)

明るさ……○
光の伸び……○
映り込み……○
美しさ……○

[壁編]

クロス
塗装調無地柄（白）

明るさ…… ○
光の伸び…… ○
美しさ…… ○

クロス
塗装調櫛引柄（白）

明るさ…… ○
光の伸び…… ○
美しさ…… ○

磁器タイル
ツヤなし（白）

明るさ…… ○
光の伸び…… ○
美しさ…… ○

木目突板貼り
オイルステン
（ライトブラウン）

明るさ…… ○
光の伸び…… △
美しさ…… ○

木目突板貼り
オイルステン
（ダークブラウン）

明るさ…… △
光の伸び…… ×
美しさ…… △

クロス
織物調（黒）

明るさ…… ×
光の伸び…… ×
美しさ…… ×

磁器タイル
ツヤなし（黒）

明るさ…… ×
光の伸び…… ×
美しさ…… ×

[資料編] 収まり図面集

巻頭ページに掲載されている施工例写真の断面を描きました。プランの参考にしてみてくださいね。

P.6(A1) P.14(E3)

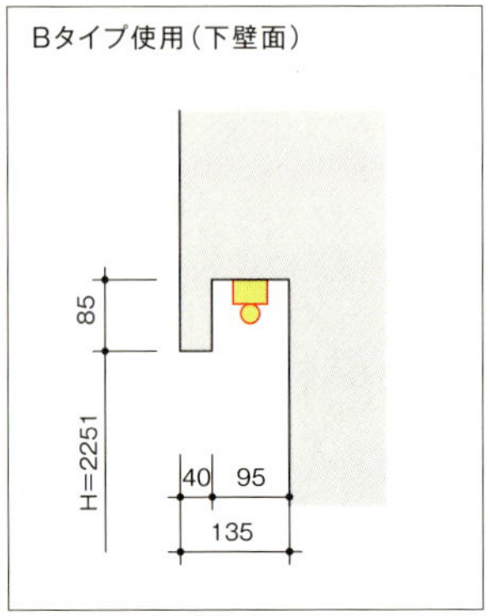

P.7(A3/A4) P.10(C1)

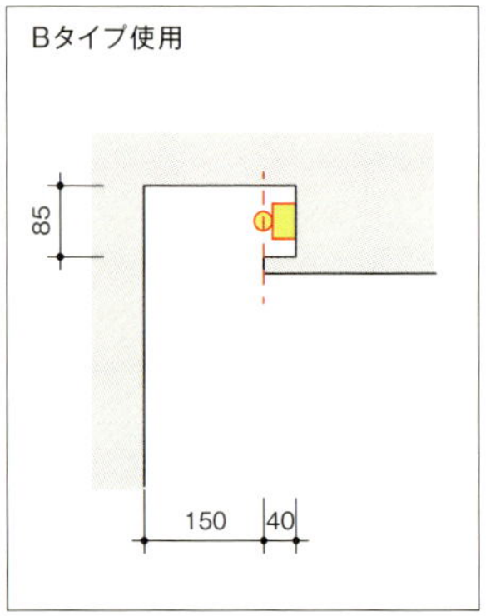

P.7(A6)

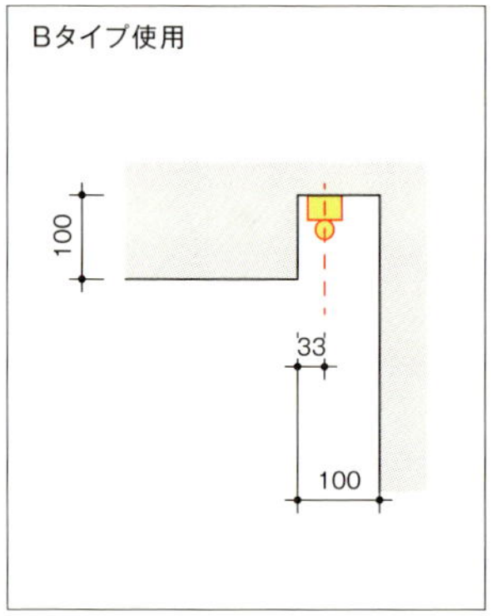

P.9(B2)

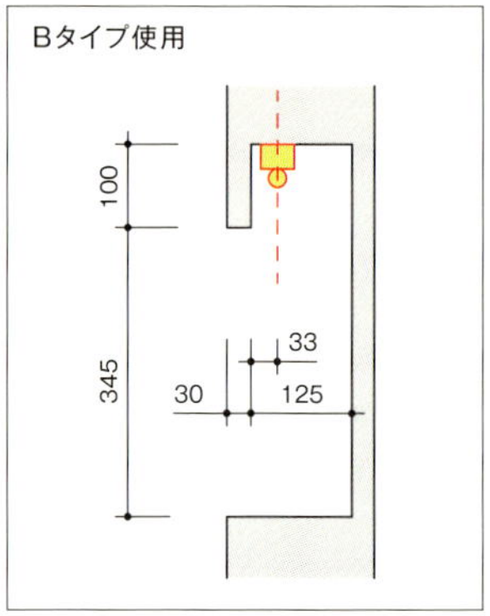

P.9(B3)

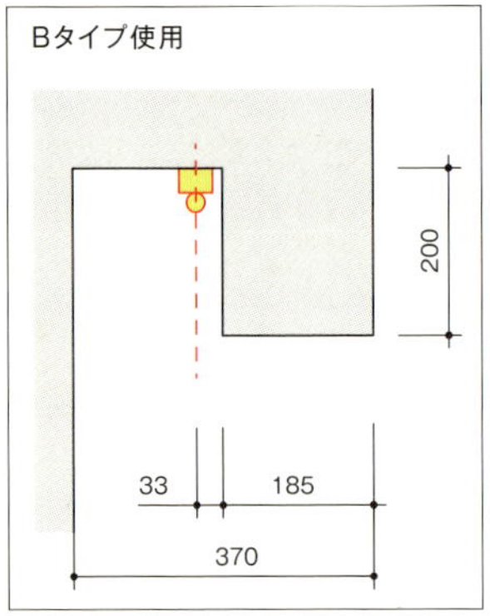

P.9(B4)

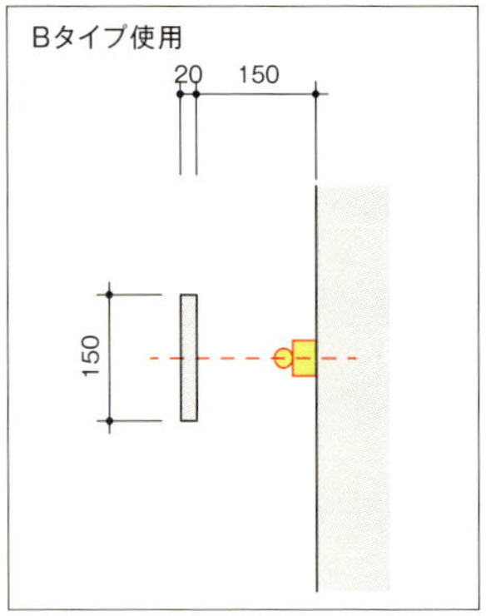

P.9(B5) P.11(C2) P.13(D6)

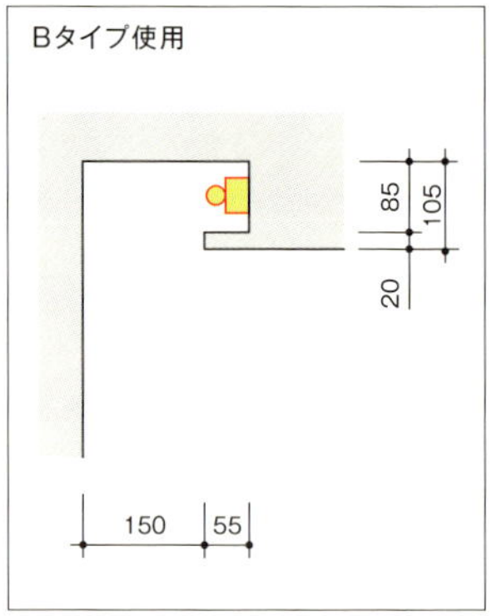

P.11(C3)

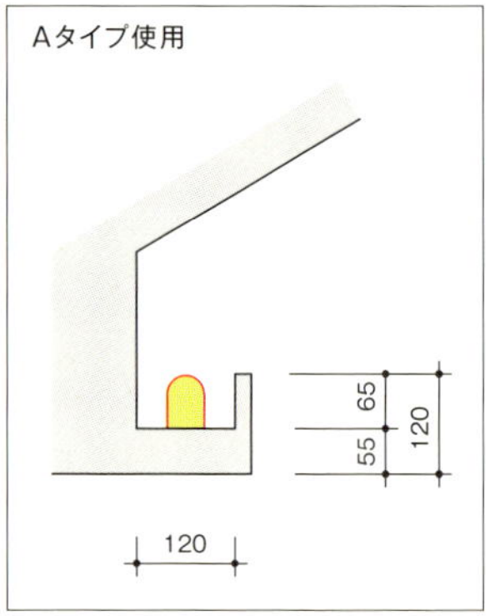

P.11(C4)

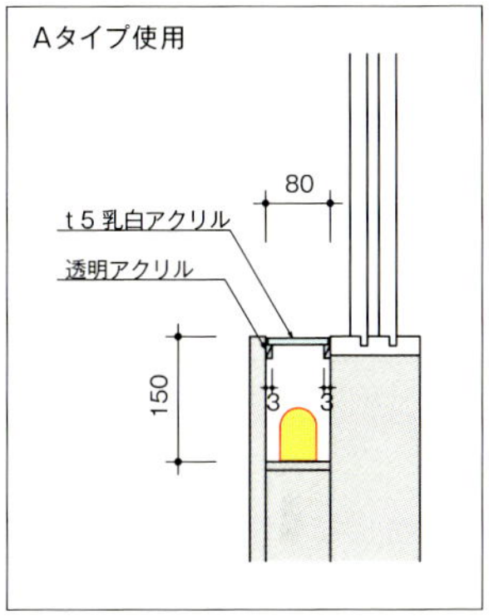

P.12(D2)

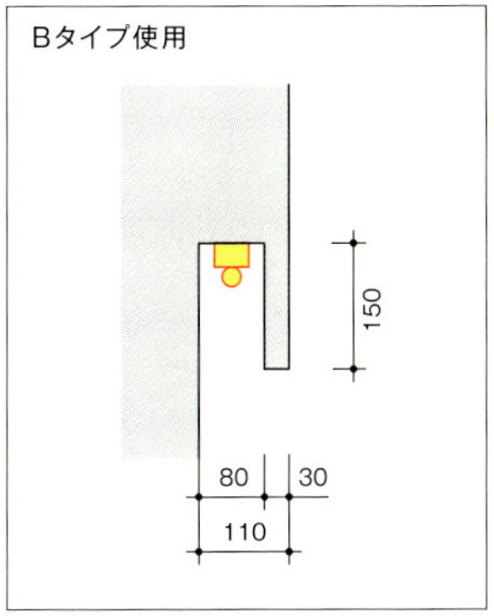

P.13(D3)

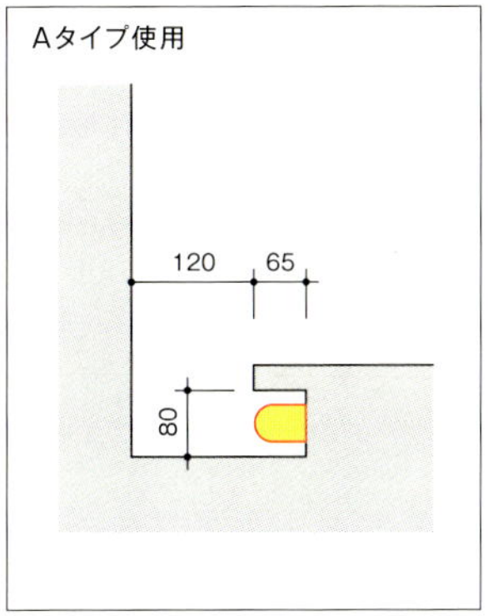

P.13(D4)

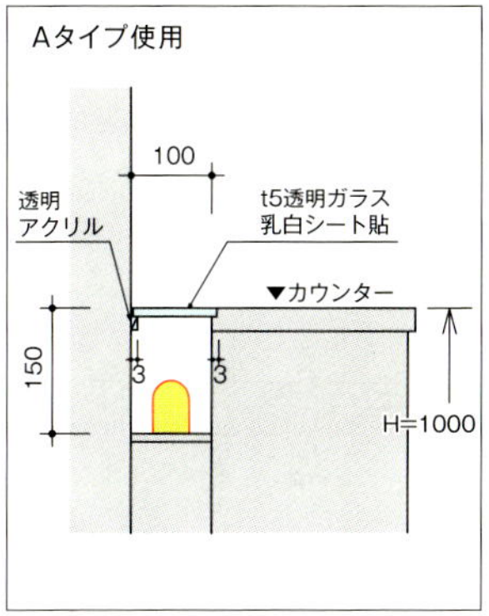

P.13(D5)

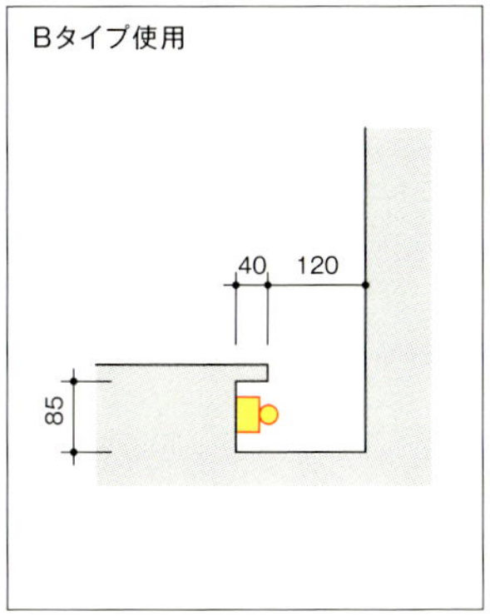

P.14(E3) P.15(E4)

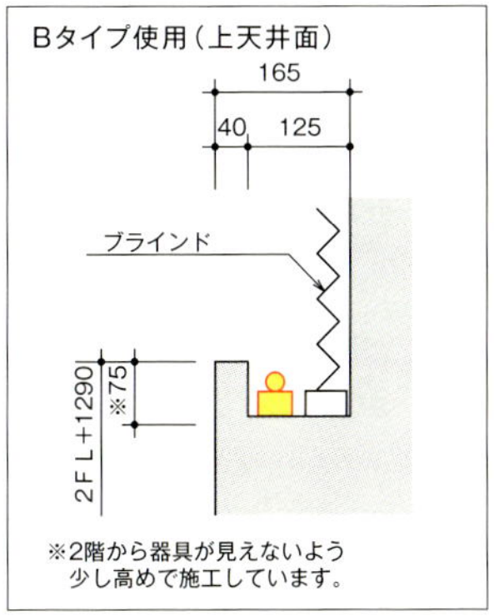

P.14(E3)

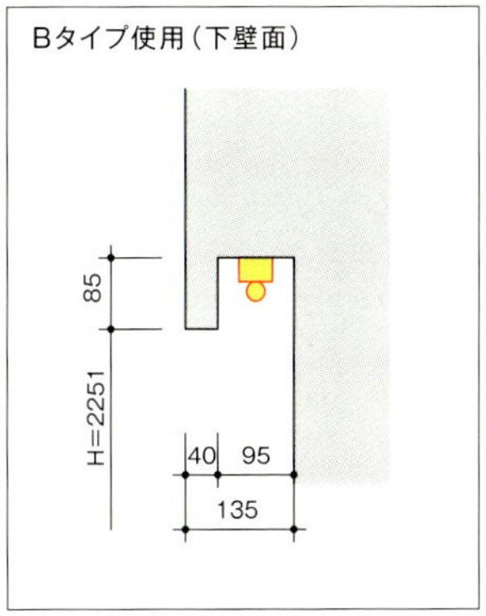

P.15(E6)

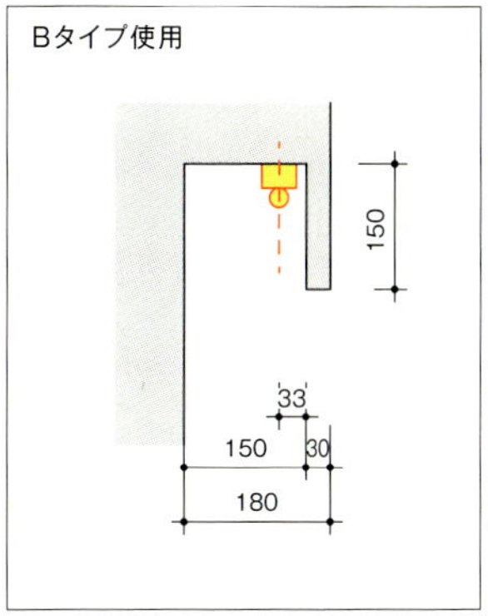

May we introduce ourselves?

Team TAKAKI

師匠とチームの仲間たち

Osaka

家元あきの師匠 タカキヒデトシは、実物件をこなしながら年間100回以上の講演活動を行って住宅照明文化の向上に貢献している、大光電機株式会社の住宅照明デザインチームを率いる長。師匠の愛のムチをパワーにかえる、高木チームのメンバーを紹介します。

TACT大阪
奥田 弥沙 MISA OKUDA

照明のアマチュアだった私が飛び込んだ
プロの世界。
一朝一夕では習得することはできず、まだまだ勉強しなければ師匠や先輩の足元にもおよびません。
遥か先を駆けている方々にちょっとでも追いつくようにノウハウがたっぷりと詰まった師匠の本と女王様の間接本を手に日々精進です。

TACT大阪
元永 理絵 RIE MOTONAGA

間接照明は実現するのにハードルが高い…。
とよく耳にします。ですが苦労して造った良い間接は、間違いなく「いい照明」です!
もっと間接照明が日々の暮らしに身近なものになりますように。

TACT大阪
花井 架津彦 KAZUHIKO HANAI

光のグラデーションを自在に操る女王様。
魔法のようなあふれるアイデアは
『施主』も『設計士』も『弟子』も皆脱帽。
厳選し凝縮されたノウハウはまさに珠玉の一冊。
合言葉は『 建てるまえに読む!! 』
僕もこっそり買っとこう…

TACT大阪
家元 あき AKI IEMOTO

「間接照明の女王」と社長が命名
「建築化照明の魔女」がよかったな~
だって「建築化照明」って「魔法」をかけたみたいに「空間」を美しく魅せるし「人の心」をやさしい気持ちにしてくれる
そんな「魔力」があると思うから…

TACT大阪
タカキ ヒデトシ

「いい家」は「いい照明」が「証明する」
を合言葉に、日本全国の住宅を
かならず「いい家」にしてみせましょう!

Tokyo

TACT東京

古川 愛子 AIKO FURUKAWA

この本を手に取られたあなた。ようこそ、魅惑の間接照明の世界へ…我らが女王様の間接照明テクニックを習得すれば空間の完成度をグッと引き上げられること間違いなしですよ!
※上質な間接照明には、中毒性がありますのでご注意ください。

TACT東京

向平 知弘 TOMOHIRO MUKAIHIRA

間接照明を図面で描くのは簡単だけど、それを実現するために、現場では大工さん、電気工事屋さんが試行錯誤!!「この造作はどうやってツクルノ??」「配線はどこから出すツモリナノ??」昼も夜も現場では学ぶことだらけ…ありがたや、ありがたや〜

TACT東京

今泉 卓也 TAKUYA IMAIZUMI

間接照明はオシャレ?とんでもない!間接照明は魔物なり。我々を悩ませ、惑わせ、狂わせ、そして、失意のどん底に突き落とす!しかし、間接照明の女王様が来たからには心配はいらない。この本が、我々を -長年の夢だった- 間接照明という未知の魔物から解放してくれるのだから。

TACT東京

田中 幸枝 YUKIE TANAKA

照明が創りだす空間に魅了され、門をたたきました。光の質について勉強中!住空間の照明プランに奮闘中!きらん。。ほわん。。で、わくわくする。。ほっとする。。そんな気持ちを創りだす空間を演出したいです。

Shanghai

TACT上海

立花 豪 GO TACHIBANA

子曰、学而不思則罔、思而不学則殆。
(訳)
間接照明の女王様はおっしゃいました。間接照明本を読むだけで自分の思慮を怠ると、間接照明の道理が身につかず何の役にも立たない。逆に思いを巡らすのみで間接照明本を読んで学ばなければ、独断的になりせっかくお金をかけてつくった間接照明がその効果を発揮できなくなってしまう。

May we introduce ourselves?

Membership

全国の弟子たち

家元あきの師匠である高木の教えを受けたメンバーは、全国に広がって、日本中の住宅を「いい家」にするため日々鋭意邁進中。大光電機株式会社の頼りになる仲間たちを紹介します。

札幌ハウジング開発営業課

名田 友宏 Tomohiro Nada

人を癒す光、人に害を与える光、光ひとつで全く違ったイメージの空間になります。
これからも「人に優しい光」を提案していきたいですね。

仙台営業所

岡田 奈都子 Natsuko Okada

住宅照明計画。たかが(といったら怒られそうだが…)照明。されど照明!!! お施主様にとってベストなご提案ができるように心掛けています。

郡山営業所

伊藤 文子 Fumiko Ito

5歳児並の好奇心と姑並の細かさで『あれっ?』と思う事は相手が住宅照明のカリスマだろうと即質問&解決! 得た知識を生かせるよう心掛けています。

埼玉ハウジング営業所

神田 はる奈 Haruna Kanda

どんな住宅も照明によって表情が変わります。住む人の生活を豊かにする明りの可能性は果てしない!!これからも、きれいな住宅を目指して日々精進です。

東京ハウジング営業所　横浜駐在

渡邉 聡子 Satoko Watanabe

家造りのお手伝いする仕事は大きな責任を感じます。実際に完成した現場を見に行くこともしばしば。より良いご提案の為にこれからも勉強していきます。

東京ハウジング営業所　千葉駐在

田口 益隆 Yoshitaka Taguchi

くつろぎのあかり、活動のあかり…どこにいても居心地の良いあかり。そんなあかりづくりのお手伝いができれば幸いです。

東京市販第2駐在

山村 あづさ Azusa Yamamura

お客様の快適な住空間造りに、よりよいお手伝いが出来るよう、知識や技術に磨きをかけレベルアップを図ります。
なんでもお気軽にご相談ください。

長野営業所

栗林 美紀 Miki Kuribayashi

灯りは空間に溶け込み、そっと暮らしに寄り添う存在。でもそれ一つで空間は幾重にも広がりを見せます。創造の洗練を大切に、ベーシックで飽きのこない照明提案を心がけています。

名古屋ハウジング開発営業課

小野 洋一 Youichi Ono

照明計画では住空間における夜の明るさを考えるだけでは無く日中の照明器具の存在も配慮、内装の色・素材を把握したライティングプランをご提案します。

北陸営業所

金森 典子 Noriko Kanamori

やさしい光に心和ませ、ドラマチックな光に感動頂ける事を想像し、住む人の幸せを祈りプランする時、心からこの仕事に出会えた事に感謝します。

高松営業所

大嶋 彩有里 Sayuri Ohshima

大きな光に導かれ、たくさんの人に出会い、たくさんのアカリに出会い、只今、のびのび成長中です♪♪

広島TACTデザイン課

山本 樹里 Juri Yamamoto

明るさだけじゃなくそれ以上のものをご提案し、照明から快適な住まい作りのお手伝いができるよう、日々図面と向き合っています!

山口事務所

戸川 幸一郎 Kouichiro Togawa

多くのクライアントに喜ばれる、省エネ、安全、快適を目指したクリエイティブな照明提案で心温まる明かりを一軒一軒に灯していきたいと奮闘する毎日です。

福岡ハウジング開発営業課

浮池 秀一 Syuichi Fuke

私の仕事のモットーはお客様にお役に立つ事です。その為には、日々幅広く勉強し、お客様のニーズに合ったライフスタイルのご提案を心がけています。

福岡ハウジング開発営業課

下瀬 まりこ Mariko Shimose

ほっとする光、はっとする光…そんな光と日々出会い、吸収中です。
お客様に喜んでいただけるあかり空間が作れるよう丁寧な仕事を心がけています。

光に癒されるくらしを、もっと。

私はいつの頃からか、『間接照明の女王』と呼ばれるようになりました。
でも初めから女王だったわけではなく、この本をつくり上げたことで、やっと女王らしく?なれたのかもしれません。
私は師匠の高木から学んだコトをベースに、今まで建築化照明を数多く提案してきました。
本を制作するにあたり、私の頭の中にあるノウハウを書き出してみたら、
あっという間にA4の紙が山積みになったのですが…
建築化照明の『光』の良さを言葉で表現することはとても難しく、
答えが見つからないまま、時間ばかりが過ぎていきました。

建築化照明は、空気中に漂う目に見えない「やわらかな光」が天井から降り注ぐ、
とても気持ちいい照明手法です。
その良さは、決して本の中だけでは伝え切れない、と感じていました。
だから、本でも感じることができる、目に見える『光のグラデーション』の美しさを皆さんに伝えたいと考えました。
9 カ月という長い制作期間は、私自身が『建築化照明』と本気で向き合い、
悩み苦しみながら過ごした、研究と試行錯誤の毎日でした。
そうした日々の積み重ねから、やっとこの本を上梓することができました。
『光』と『建築』を私なりに追究したノウハウが、少しでも皆さんのお役に立ち、
建築化照明の良さを少しでも感じていただければ、これ以上の喜びはありません。

最後になりましたが、私が本当の『女王』になれたのは、この本を出す機会を与えてくださった、
(私が所属する)大光電機株式会社の前芝社長のお陰と、心から感謝しています。
そして、私を育ててくれた師匠の高木さん。
本の制作中に、本業の照明プランを私に代わって支えてくれた高木チームとプランナーさんたち。
建築の分からないことを色々教えてくださった設計の方。
現場の撮影や写真・アンケート等で協力してくださった皆様。
私が悩んだ時に、支え励まし、背中を押してくれた親友。
この本を一緒に悩みながら制作をしてくれたMEMEの藤本さん。
最後に、ママとの遊びをガマンしてくれた長女のアキラと、協力してくれた家族へ、
本当にありがとうございました。

「光のグラデーション」が皆さんの生活の中で、「癒しの光」「お気に入りの光」になりますように。

2012年7月　　家元あき

家元あき　PROFILE

1996年　大阪工業大学高等学校　建築学科　卒業
2000年　京都精華大学　デザイン学科　建築専攻　卒業
2001年　大光電機株式会社　入社　大阪TACTデザイン課所属

住宅照明の第一人者である「タカキヒデトシ」を師匠とし、ノウハウを継承。
自他ともに認める「一番弟子」で1児の母。
住宅照明の光のあり方を生活に基づいた「ママ目線」で提案しつつ、
依頼があれば、関西弁で照明セミナーや研修も行っている。
将来の夢は日本最強の住宅照明プラン集団をつくること。

Healing Lighting
建築化照明でつくるグラデーション

2012年7月25日　初版第1刷発行

著　者　家元あき
発行者　前芝辰二
発行所　大光電機株式会社
〒541-0043　大阪市中央区高麗橋3-2-7　高麗橋ビル6F
電話 06-6222-6240
発売所　株式会社 幻冬舎
〒151-0051　東京都渋谷区千駄ヶ谷4-9-7
電話 03-5411-6222
監　修　タカキヒデトシ
編　集　大見堅悟
印刷・製本　凸版印刷株式会社
制作・装丁　株式会社ミーム

ISBN 978-4-344-95141-9 C0050